450 Euro Mini-Jobs

Harald Janas
Uwe Thiemann

4. Auflage

HAUFE.

Inhalt

Vorwort

Mini-Jobs stellen für viele Arbeitnehmer eine willkommene Gelegenheit dar, sich nebenher etwas dazu zu verdienen. Gerade in der Sozialversicherung gibt es aber viele Wenn und Aber, wenn Arbeitnehmer und Arbeitgeber die Mini-Jobs optimal nutzen wollen.

Ob Sie nun selbst zu den geringfügig Beschäftigten gehören oder als Arbeitgeber solche Beschäftigungen anbieten – der Informationsbedarf ist groß und es gibt viele Fragen: Was ist eine geringfügige Beschäftigung? Welche Rolle spielt die wöchentliche Arbeitszeit? Wann ist der geringfügig Beschäftigte in welchem Versicherungszweig versicherungspflichtig? Ist ein Mini-Jobber unfallversichert? Wie sehen die aktuellen Regelungen aus?

Dieser TaschenGuide gibt Ihnen Antwort auf alle wichtigen Fragen rund um die Sozialversicherung von Mini-Jobs: von der Sozialversicherungspflicht bzw. -freiheit bis zur Frage, welche Beiträge zu zahlen sind. Die Erörterung arbeitsrechtlicher Fragen (Urlaub usw.) muss aus Platzgründen leider entfallen. Sie erfahren, welche Auswirkungen die Gleitzonenregelung hat. Übersichtliche Prüfdiagramme (auf den Umschlagseiten vorn) helfen Ihnen bei der richtigen Beurteilung von geringfügigen Beschäftigungen. Eine weitere Übersicht auf den hinteren Umschlagseiten zeigt Ihnen zusammengefasst, wie neu aufgenommene Beschäftigungen und laufende Beschäftigungen seit 1.1.2013 versicherungs- und beitragsrechtlich zu beurteilen sind.

Harald Janas und Uwe Thiemann

Das Wichtigste im Überblick

Die Mini-Jobs bieten viel Flexibilität, doch man muss auch Einiges beachten. Welche Rahmenbedingungen gelten? Was müssen Arbeitgeber und Arbeitnehmer berücksichtigen? Welche Besonderheiten gibt es?

Die wichtigsten Rahmenbedingungen

Teilzeitjobs und Aushilfsbeschäftigungen werden in nahezu allen Betrieben und Wirtschaftszweigen angeboten. Sie sind aus der betrieblichen Praxis heute kaum mehr wegzudenken. Mini-Jobs sind flexibel und bieten deshalb für Arbeitgeber und Arbeitnehmer zahlreiche Vorteile.

Der Begriff „geringfügige Beschäftigung" beinhaltet im Detail zwei Beschäftigungsvarianten, nämlich

- die geringfügig entlohnte Beschäftigung (450 Euro-Job) und
- die kurzfristige Beschäftigung.

Hier die wichtigsten Merkmale auf einen Blick:

- Geringfügige Beschäftigungen – ganz gleich, ob es sich um eine geringfügig entlohnte Beschäftigung oder eine kurzfristige Beschäftigung handelt – sind in der Sozialversicherung grundsätzlich versicherungsfrei. Mit einer Ausnahme: In der Rentenversicherung sind 450 Euro-Jobber versicherungspflichtig und werden an der Beitragszahlung beteiligt. Die Rentenversicherungspflicht kann vom Arbeitnehmer aber abgewählt werden.
- Durch eine geringfügige Beschäftigung wird keine Mitgliedschaft in einer gesetzlichen Krankenkasse begründet.
- Für geringfügig entlohnte Beschäftigungen gilt eine feste monatliche Entgeltgrenze von 450 EUR.
- Bei der Prüfung der Entgeltgrenze werden Einmalzahlungen (z.B. Urlaubs- oder Weihnachtsgeld) nur dann berück-

sichtigt, wenn sie auch tatsächlich an den Arbeitnehmer ausgezahlt werden.

- Wird neben einer Hauptbeschäftigung nur eine Nebenbeschäftigung ausgeübt, erfolgt keine Zusammenrechnung. Werden mehrere Nebenjobs ausgeübt, müssen diese, mit Ausnahme des ersten Nebenjobs, mit der Hauptbeschäftigung zusammengerechnet werden.
- Zur Krankenversicherung müssen Arbeitgeber für geringfügig entlohnte Arbeitnehmer, die gesetzlich krankenversichert sind, vom Arbeitsentgelt pauschale Beiträge zur Krankenversicherung (13 %) zahlen.
- Zur Rentenversicherung beträgt der Beitragsanteil des Arbeitgebers bei einer geringfügig entlohnten Beschäftigung 15 % des Arbeitsentgelts, und zwar auch bei Versicherungspflicht. Rentenversicherungspflichtige Minijobber bringen zusätzlich Beiträge in Höhe von derzeit 3,9 % alleine auf.
- Pflichtbeiträge zur Rentenversicherung für geringfügig entlohnte Arbeitnehmer sind monatlich mindestens aus 175 EUR zu zahlen.
- Wird eine geringfügig entlohnte Beschäftigung im Privathaushalt ausgeübt, müssen vom Arbeitgeber zur Kranken- und Rentenversicherung jeweils nur 5 % Beiträge gezahlt werden. Bei Rentenversicherungspflicht bringt der Arbeitnehmer zusätzlich Beiträge in Höhe von derzeit 13,9 % alleine auf.
- Die 450 Euro-Jobs sind steuerpflichtig. Es besteht die Möglichkeit, auf das Arbeitsentgelt Pauschsteuern in Höhe von 2 % zu erheben.

- Beiträge und Pauschsteuern sind für alle geringfügig entlohnt Beschäftigte an die Minijob-Zentrale abzuführen.
- Für kurzfristige Beschäftigungen gilt eine Zeitgrenze von zwei Monaten bzw. 50 Arbeitstagen im Kalenderjahr.
- Kurzfristige Beschäftigungen sind generell abgabenfrei. Es müssen keine Pauschalbeiträge gezahlt werden.
- Alle geringfügig Beschäftigten sind der Minijob-Zentrale zu melden.

Wenn die Bezahlung die 450 Euro-Grenze übersteigt, spricht man nicht mehr von einem Minijob. An die 450 Euro-Jobs schließt sich dann der Niedriglohnsektor, die sogenannte Gleitzone, an. Die Beitragslast der Arbeitnehmer, deren Arbeitsentgelt von 450,01 EUR bis 850,00 EUR (Gleitzone) beträgt, steigt abhängig von der Höhe des Arbeitsentgelts an. Erst bei einem Arbeitsentgelt in Höhe von monatlich 850 EUR ist für den Arbeitnehmer die volle Beitragsbelastung erreicht.

Das ist neu seit 1.1.2013

- Mit Wirkung zum 1.1.2013 wurde die monatliche Entgeltgrenze für geringfügig entlohnte Beschäftigungen von 400 EUR auf 450 EUR angehoben.
- Neu aufgenommene geringfügig entlohnte Beschäftigungen sind rentenversicherungspflichtig. Allerdings kann sich der Arbeitnehmer von der Rentenversicherungspflicht befreien lassen (sog. Opt-out).
- Bei Rentenversicherungspflicht müssen die Beiträge mindestens von 175 EUR im Monat berechnet werden. Bis zum

31.12.2012 betrug diese Mindestbemessungsgrundlage 155 EUR.

- Ebenfalls wurden die Entgeltgrenzen der Gleitzone um jeweils 50 EUR angehoben. Eine Gleitzonenbeschäftigung liegt somit vor, wenn das monatliche Arbeitsentgelt 450,01 EUR bis 850,00 EUR beträgt. Das beitragspflichtige Arbeitsentgelt ist nach einer neuen Gleitzonenformel zu berechnen.
- Bei mehreren Beschäftigungen, deren Arbeitsentgelte insgesamt innerhalb der Gleitzone liegen, teilt die Krankenkasse den Arbeitgebern das für die Beitragsberechnung maßgebende Gesamtarbeitsentgelt mit.

Für Beschäftigungsverhältnisse, die bereits vor dem 1.1.2013 bestanden haben, gibt es Bestandsschutz- und Übergangsregelungen:

- Minijobs mit bis zu 400,00 EUR bleiben rentenversicherungsfrei und damit für den Arbeitnehmer beitragsfrei. Der Arbeitnehmer kann sich aber für die Rentenversicherungspflicht entscheiden.
- Arbeitnehmer mit einem Arbeitsentgelt von 400,01 EUR bis 450,00 EUR bleiben versicherungspflichtig. In der Kranken- und Pflegeversicherung aber nur, wenn kein Anspruch auf Familienversicherung besteht.
- Bei fortbestehender Versicherungspflicht der Arbeitnehmer mit einem Arbeitsentgelt von 400,01 EUR bis 450,00 EUR ist die bis 31.12.2012 maßgebende Gleitzonenformel bis zum 31.12.2014 weiter anzuwenden.

- Bei fortbestehenden Beschäftigungsverhältnissen mit einem Arbeitsentgelt von 800,01 EUR bis 850,00 EUR werden die Beiträge wie bisher ohne Anwendung der Gleitzonenregelung berechnet. Die Arbeitnehmer können jedoch die Gleitzonenregelung wählen.

Geringfügig entlohnte Beschäftigungen

Geringfügig entlohnt, und trotzdem lohnt es sich! Doch wann genau gilt welche Versicherungsfreiheit? Welche Grenzen sind zu beachten? Was ist, wenn der Arbeitnehmer mehrere Beschäftigungen ausübt?

Was ist eine geringfügig entlohnte Beschäftigung?

Eine geringfügig entlohnte Beschäftigung liegt vor, wenn das regelmäßige Arbeitsentgelt 450,00 EUR im Monat nicht übersteigt. Die Arbeitsentgeltgrenze (sie wird auch als Geringfügigkeitsgrenze bezeichnet) ist auf diesen Betrag festgeschrieben. Bis zum 31.12.2012 betrug die Arbeitsentgeltgrenze 400,00 EUR.

In der Renten- und Arbeitslosenversicherung gelten für die alten und neuen Bundesländer nach wie vor unterschiedliche Berechnungsgrenzen und Rechengrößen. Bei der 450 EUR-Grenze ist das nicht so. Sie gilt bundesweit und auch einheitlich für alle Sozialversicherungszweige, also Kranken-, Pflege-, Renten- und Arbeitslosenversicherung.

Bis zum 31.12.2012 waren geringfügig entlohnt Beschäftigte in allen Sozialversicherungszweigen grundsätzlich versicherungsfrei. Ab dem 1.1.2013 gilt die bisherige Versicherungsfreiheit in der Rentenversicherung nicht mehr. Minijobber sind rentenversicherungspflichtig und werden dadurch an der Beitragszahlung beteiligt. Ihnen wird jedoch die Möglichkeit eingeräumt, sich auf Antrag von der Rentenversicherungspflicht befreien zu lassen. Mehr hierzu im Abschnitt „Wenn Arbeitnehmer sich von der Rentenversicherungspflicht befreien lassen". In der Kranken-, Pflege- und Arbeitslosenversicherung bleibt es auch nach dem 31.12.2012 bei der Versicherungsfreiheit für Minijobber.

Beschäftigung im Privathaushalt

Um eine Beschäftigung im Privathaushalt handelt es sich, wenn diese durch einen privaten Haushalt begründet ist und die Tätigkeit sonst gewöhnlich durch Mitglieder des privaten Haushalts erledigt wird. Grundsätzlich gelten für geringfügig Beschäftigte in Privathaushalten dieselben Regelungen, die auch für geringfügig Beschäftigte bei anderen Arbeitgebern gelten; allerdings sind geringere Beiträge zu zahlen.

Nur wenn der Arbeitnehmer außer im Privathaushalt für denselben Arbeitgeber auch noch andere Dienstleistungen oder Tätigkeiten ausübt, liegt keine Beschäftigung im Privathaushalt mehr vor.

Beispiel:

Der Arbeitgeber des privaten Haushalts betreibt gleichzeitig ein Unternehmen und der Arbeitnehmer erledigt auch noch Arbeiten in den angeschlossenen Geschäftsräumen. Bei einer solchen Konstellation handelt es sich nicht um eine Beschäftigung im Privathaushalt.

Regelmäßiges Arbeitsentgelt

Bei der Prüfung der Frage, ob das monatliche Arbeitsentgelt die 450 Euro-Grenze übersteigt, müssen Sie immer das regelmäßige Arbeitsentgelt berücksichtigen. Das ist mindestens das Arbeitsentgelt, auf das der Arbeitnehmer einen Rechtsanspruch hat, z.B. aufgrund

- eines Tarifvertrags,
- einer Betriebsvereinbarung oder
- des geschlossenen Arbeitsvertrags.

Das regelmäßige Arbeitsentgelt der Arbeitgeber ist vorausschauend bei Beginn der Beschäftigung und darüber hinaus bei jeder dauerhaften Veränderung zu ermitteln. Es sind die Anzahl der Beschäftigungsmonate zugrunde zu legen, höchstens jedoch ein Zeitraum von 12 Monaten. Das Arbeitsentgelt einer geringfügig entlohnten Beschäftigung darf im Durchschnitt einer Jahresbetrachtung monatlich 450,00 EUR nicht übersteigen, somit maximal 5.400 EUR im Jahr betragen. Sofern schon zu Beschäftigungsbeginn feststeht, dass die Beschäftigung vor Ablauf von 12 Monaten endet, ist die Jahres-Entgeltgrenze entsprechend zu reduzieren.

Beispiel:

Ein Aushilfsverkäufer wird von vornherein für die Zeit vom 01.03. bis 30.09.2013 eingestellt. Die maßgebende Entgeltgrenze für die Beschäftigungsdauer von sieben Monaten beträgt 3.150 EUR.

Verzichtet ein Arbeitnehmer auf einen Teil seines zukünftigen Gehalts, bleibt dieses insoweit unberücksichtigt. Der Verzicht muss allerdings arbeitsrechtlich zulässig sein.

Steuerfreie Aufwandsentschädigungen zählen nicht zum Arbeitsentgelt in der Sozialversicherung. So sind z. B. die steuerfreien Einnahmen aus einer nebenberuflichen Tätigkeit als Übungsleiter im Sportverein oder als Ausbilder bis zur Höhe von 2.400,00 EUR jährlich (200,00 EUR monatlich) oder für eine ehrenamtliche Tätigkeit bis zur Höhe von 720,000 EUR jährlich (60,00 EUR monatlich) bei der Ermittlung des regelmäßigen Arbeitsentgelts nicht zu berücksichtigen.

Beispiel:

Ein Trainer in einem Sportverein erhält eine feste monatliche Vergütung in Höhe von 490,00 EUR. Der Trainer übt sonst keine weitere Tätigkeit aus.

Bei der Ermittlung des regelmäßigen monatlichen Arbeitsentgelts gelten 200,00 EUR als steuerfreie Aufwandsentschädigung, die auch kein Arbeitsentgelt im Sinne der Sozialversicherung darstellen. Da der noch verbleibende Betrag in Höhe von 290,00 EUR monatlich die Arbeitsentgeltgrenze von 450 EUR nicht übersteigt, handelt es sich bei der Trainertätigkeit um eine geringfügig entlohnte Beschäftigung.

Finden Sonderzuwendungen Berücksichtigung?

Werden im Rahmen des geringfügigen Beschäftigungsverhältnisses Sonderzuwendungen gezahlt, müssen Sie diese bei der Ermittlung des regelmäßigen Arbeitsentgelts berücksichtigen, wenn sie mit hinreichender Sicherheit einmal jährlich zu erwarten sind. Klassische Beispiele hierfür sind die Zahlungen von Urlaubs- oder Weihnachtsgeld.

Beispiel:

Ein Pförtner ist für ein monatliches Arbeitsentgelt von 420,00 EUR beschäftigt. Zusätzlich erhält er jeweils im November eines Jahres ein tarifvertraglich zugesichertes Weihnachtsgeld in Höhe von 400,00 EUR.

Die Prüfung, ob das regelmäßige Arbeitsentgelt die 450 EUR-Grenze übersteigt, ist wie folgt vorzunehmen:

Monatliches Entgelt:	
420,00 EUR × 12 =	5.040,00 EUR
Weihnachtsgeld im November:	400,00 EUR
Jahresarbeitsentgelt:	5.440,00 EUR
Durchschnittliches Monatsentgelt:	
5.440,00 EUR : 12 =	453,33 EUR

Das regelmäßige monatliche Arbeitsentgelt beträgt 453,33 EUR und übersteigt damit die 450 Euro-Grenze. Es liegt also keine geringfügig entlohnte Beschäftigung vor. Somit besteht zu allen Sozialversicherungszweigen Versicherungspflicht.

Wichtig: Sonderzuwendungen sind nur dann beitragspflichtig, wenn sie auch tatsächlich an den Arbeitnehmer ausgezahlt werden. Verzichtet ein Arbeitnehmer schriftlich darauf, werden sie vom Zeitpunkt des Verzichts an bei der Ermittlung seines regelmäßigen Arbeitsentgelts nicht berücksichtigt. Auf die arbeitsrechtliche Zulässigkeit des Verzichts kommt es hier nicht an. Die Erklärung braucht der Arbeitgeber für seine Entgeltunterlagen.

Wenn die Beschäftigung keinen vollen Monat dauert

Wird eine Beschäftigung einen vollen Monat ausgeübt, ist für die Feststellung, ob das Arbeitsentgelt die Geringfügigkeitsgrenze übersteigt, immer von 450,00 EUR auszugehen. Diese Entgeltgrenze gilt auch für die Kalendermonate, in denen eine über einen Zeitmonat hinaus andauernde Beschäftigung im Laufe eines Monats beginnt oder endet. Sofern die geringfügige Beschäftigung allerdings auf weniger als einen Zeitmonat befristet ist, gilt die 450 Euro-Grenze nicht. Dann muss für die Beschäftigungszeit ein entsprechender anteiliger Monatswert errechnet werden. Dafür gilt folgende Formel:

Anteiliger Monatswert =
450,00 EUR × Kalendertage des Beschäftigungsverhältnisses : 30

Wenn das Arbeitsentgelt schwankt

Schwankt das Arbeitsentgelt eines Arbeitnehmers von Monat zu Monat, muss der Arbeitgeber für die Prüfung der 450 Euro-Grenze das voraussichtliche Arbeitsentgelt schätzen. Dabei kann vielfach ein Vergleich mit ähnlichen Arbeitsverhältnissen im Betrieb des Arbeitgebers hilfreich sein. Überprüfen Sie die Schätzung von Zeit zu Zeit anhand der tatsächlichen Verhältnisse. Stellt sich im Nachhinein heraus, dass Ihre Schätzung vom tatsächlichen Arbeitsentgelt abweicht, bleibt es für die Vergangenheit bei der angenommenen Versicherungspflicht bzw. Versicherungsfreiheit. Für die Zukunft müssen Sie jedoch selbstverständlich eine Richtigstellung vornehmen.

Etwas anderes gilt, wenn das Arbeitsentgelt zwar in unterschiedlicher Höhe gezahlt wird, die Höhe in den einzelnen Monaten aber von vornherein feststeht. Dann muss der Arbeitgeber den durchschnittlichen Monatsbetrag errechnen.

Beispiel:

Ein Aushilfskellner erhält in den Monaten Mai bis Oktober ein Arbeitsentgelt in Höhe von 380,00 EUR und in den Monaten November bis April ein solches in Höhe von 270,00 EUR.

Das monatliche Durchschnittsentgelt berechnet sich wie folgt:

Monate Mai bis Oktober:	
6 × 380,00 EUR =	2.280,00 EUR
Monate November bis April:	
6 × 270,00 EUR =	1.620,00 EUR
Jahresarbeitsentgelt:	3.900,00 EUR
Monatliches Durchschnittsentgelt:	
3.900,00 EUR : 12 =	325,00 EUR

Bei der Tätigkeit des Aushilfskellners handelt es sich im gesamten Jahr um eine geringfügig entlohnte Beschäftigung, weil das regelmäßige Arbeitsentgelt die Geringfügigkeitsgrenze von 450,00 EUR nicht übersteigt.

Checkliste Arbeitsentgelt

Was?	Beim regelmäßigen Arbeitsentgelt zu berücksichtigen?
Lohn/Gehalt	ja
Lohn/Gehalt, auf das der Arbeitnehmer zulässig verzichtet hat	nein
Lohn/Gehalt, auf das der Arbeitnehmer unzulässig verzichtet hat	ja
Einmalzahlungen (z. B. Urlaubs- oder Weihnachtsgeld)	ja
Einmalzahlungen, auf die der Arbeitnehmer verzichtet hat	nein
Steuerfreie Aufwandsentschädigungen bis 2.400 EUR im Jahr	nein
Steuerfreie Ehrenamtspauschalen bis 720 EUR im Jahr	nein
Entgeltbestandteile, die für eine Entgeltumwandlung verwendet werden, soweit sie 4 % der Beitragsbemessungsgrenze der allgemeinen Rentenversicherung nicht übersteigen	nein

Was geschieht, wenn die 450 Euro-Grenze überschritten wird?

Zu unterscheiden ist hier, ob die 450 EUR-Grenze dauerhaft oder nur gelegentlich überschritten wird.

Wenn sich das Arbeitsentgelt erhöht

Immer dann, wenn sich die Höhe des Arbeitsentgelts ändert, müssen Sie auch das regelmäßige Arbeitsentgelt neu ermitteln. Das gilt vor allem, wenn sich das Arbeitsentgelt erhöht. Kommt es nämlich durch die Erhöhung des Arbeitsentgelts zu einer dauerhaften Überschreitung der 450 Euro-Grenze, tritt vom Tage des Überschreitens an Versicherungspflicht in der Sozialversicherung ein. Für die zurückliegende Zeit bleibt es aber bei der Versicherungsfreiheit.

Beispiel:

Eine Verkäuferin übt eine geringfügig entlohnte Beschäftigung für ein monatliches Arbeitsentgelt von 430,00 EUR aus. Am 13.7.2013 vereinbart sie mit ihrem Arbeitgeber eine Gehaltserhöhung. Ab 1.10.2013 erhält sie ein monatliches Arbeitsentgelt in Höhe von 480,00 EUR.

Die Verkäuferin übt bis zum 30.9.2013 eine geringfügig entlohnte Beschäftigung aus. Ab 1.10.2013 liegt keine Geringfügigkeit mehr vor, weil die 450 Euro-Grenze überschritten wird. Deshalb besteht ab 1.10.2013 in allen Zweigen Versicherungspflicht.

Rückwirkende Erhöhung des Arbeitsentgelts

Sofern die 450 Euro-Grenze durch eine rückwirkende Erhöhung des monatlichen Arbeitsentgelts überschritten wird, endet die geringfügig entlohnte Beschäftigung vor dem Tag, an dem die Erhöhung vereinbart wurde. Das kann beispielsweise der Tag des Abschlusses eines Tarifvertrags oder einer Betriebsvereinbarung sein oder auch der Tag, an dem die Erhöhung des Arbeitsentgelts zwischen Arbeitgeber und Arbeitnehmer vereinbart wurde.

Wenn die 450 Euro-Grenze nur gelegentlich überschritten wird

Kommt es im Rahmen einer geringfügig entlohnten Dauerbeschäftigung zu einem gelegentlichen Überschreiten der 450 Euro-Grenze, führt dies nicht sofort zur Beendigung der geringfügig entlohnten Beschäftigung. Beachten Sie allerdings, dass dies höchstens zweimal bzw. in zwei Monaten pro Zeitjahr (12 Monate) vorkommen darf. Das Zeitjahr endet dabei mit dem zu beurteilenden Monat. Wichtig ist auch, dass es sich um ein unvorhergesehenes Überschreiten der 450 Euro-Grenze handeln muss. Davon ist beispielsweise bei einer Krankheitsvertretung auszugehen. Eine Urlaubsvertretung zählt hingegen nicht als unvorhergesehen, da der Urlaub in aller Regel vorher geplant ist.

Beispiel:

Ein Pförtner übt eine geringfügig entlohnte Beschäftigung für ein monatliches Arbeitsentgelt von 350,00 EUR aus. Im Mai und Juni 2013 bittet ihn sein Arbeitgeber wider Erwarten, zusätzlich eine Krankheitsvertretung zu übernehmen. In diesen Monaten steigt sein Arbeitsentgelt auf 550,00 EUR.

Der Pförtner ist auch in den Monaten Mai und Juni 2013 versicherungsfrei, weil es sich bei der Krankheitsvertretung um ein gelegentliches und unvorhergesehenes Überschreiten der 450 Euro-Grenze handelt und diese nicht mehr als zwei Monate andauert.

Wenn mehrere Beschäftigungen nebeneinander ausgeübt werden

Vielfach kommt es vor, dass mehrere Beschäftigungen parallel ausgeübt werden. Dabei sind insbesondere die folgenden Konstellationen denkbar:

- Es werden mehrere geringfügig entlohnte Beschäftigungen ausgeübt.
- Neben einer in der Sozialversicherung versicherungspflichtigen Hauptbeschäftigung werden eine oder auch mehrere geringfügig entlohnte Beschäftigungen ausgeübt.
- Neben einer in der Sozialversicherung versicherungsfreien Hauptbeschäftigung werden eine oder auch mehrere geringfügig entlohnte Beschäftigungen ausgeübt.

Bei all diesen Sachverhalten sind in der Sozialversicherung zahlreiche Besonderheiten zu beachten. Schwierig ist das insbesondere deshalb, weil in den einzelnen Sozialversicherungszweigen zum Teil unterschiedliche „Spielregeln" gelten. In den nachfolgenden Abschnitten werden die Besonderheiten anhand zahlreicher Beispiele dargestellt.

Konstellation 1: mehrere 450 Euro-Jobs

Bei Ausübung mehrerer 450 Euro-Jobs bei verschiedenen Arbeitgebern müssen Sie die Arbeitsentgelte aus den einzelnen Beschäftigungen für die Prüfung der Geringfügigkeitsgrenze zusammenrechnen. Übersteigt das zusammengerechnete Arbeitsentgelt die 450 Euro-Grenze, besteht in allen Beschäftigungen Sozialversicherungspflicht. Wichtig: Informieren Sie Ihren Arbeitgeber darüber, ob Sie noch weitere Beschäftigungen ausüben. Teilen sie ihm dann auch die Höhe Ihrer Verdienste mit.

Beispiel:

Eine Büroassistentin arbeitet bei Arbeitgeber A für ein monatliches Arbeitsentgelt in Höhe von 280,00 EUR. Bei Arbeitgeber B arbeitet sie für ein monatliches Arbeitsentgelt in Höhe von 200,00 EUR. Beide Beschäftigungen sind für sich gesehen geringfügig entlohnt. Für die Prüfung der Geringfügigkeitsgrenze müssen sie jedoch zusammengerechnet werden. Die Büroassistentin erzielt insgesamt ein monatliches Arbeitsentgelt in Höhe von 480,00 EUR, sodass beide Beschäftigungen nicht geringfügig entlohnt sind und deshalb der Versicherungspflicht in der Kranken-, Pflege-, Renten- und Arbeitslosenversicherung unterliegen.

Geringfügig entlohnte Beschäftigungen und kurzfristige Beschäftigungen (siehe Kapitel „Kurzfristige Beschäftigungen") dürfen nicht zusammengerechnet werden.

Nimmt ein Arbeitnehmer zu einer bereits ausgeübten geringfügig entlohnten Beschäftigung einen weiteren 450 Euro-Job auf und übersteigen die Arbeitsentgelte aus beiden Beschäftigungen insgesamt die 450 Euro-Grenze, liegt ab der Aufnahme der zweiten Beschäftigung keine Geringfügigkeit mehr vor. Damit tritt in allen Sozialversicherungszweigen Versicherungspflicht ein. Für die zuerst aufgenommene 450 Euro-Beschäftigung bleibt es für die Vergangenheit allerdings bei der Versicherungsfreiheit in der Kranken-, Pflege- und Arbeitslosenversicherung.

Konstellation 2: versicherungspflichtige Hauptbeschäftigung und ein 450 Euro-Job

Übt ein Arbeitnehmer neben seiner in der Sozialversicherung versicherungspflichtigen Hauptbeschäftigung einen 450 Euro-Nebenjob aus, dürfen die versicherungspflichtige Hauptbeschäftigung und die geringfügig entlohnte Nebenbeschäftigung nicht zusammengerechnet werden. Die geringfügig entlohnte Nebenbeschäftigung ist somit in der Kranken-, Pflege- und Arbeitslosenversicherung versicherungsfrei und in der Rentenversicherung versicherungspflichtig.

Beispiel:

Ein Arbeitnehmer übt eine versicherungspflichtige Hauptbeschäftigung für ein monatliches Arbeitsentgelt von 2.100,00 EUR aus. Am 1.7.2013 nimmt er zusätzlich eine weitere Beschäftigung für ein monatliches Arbeitsentgelt in Höhe von 370,00 EUR auf.

Bei der seit 1.7.2013 ausgeübten Beschäftigung handelt es sich um eine geringfügige Beschäftigung, weil das Arbeitsentgelt 450,00 EUR nicht überschreitet. Hier besteht Versicherungsfreiheit in der Kranken-, Pflege- und Arbeitslosenversicherung, weil eine Zusammenrechnung mit der versicherungspflichtigen Hauptbeschäftigung nicht zulässig ist. In der Rentenversicherung besteht Versicherungspflicht, sofern sich der Arbeitnehmer hiervon nicht hat befreien lassen.

Konstellation 3: versicherungspflichtige Hauptbeschäftigung und mehrere 450 Euro-Jobs

Bei mehreren geringfügig entlohnten Beschäftigungen neben einer versicherungspflichtigen Hauptbeschäftigung wird die richtige sozialversicherungsrechtliche Beurteilung schon etwas schwieriger. Zunächst darf ein 450 Euro-Job nicht mit der Hauptbeschäftigung zusammengerechnet werden – aber eben nur einer. Alle weiteren Nebenjobs sind zur versicherungspflichtigen Hauptbeschäftigung zu addieren.

Ausnahme: die Arbeitslosenversicherung. Dort ist generell eine Zusammenrechnung von Haupt- und Nebenbeschäftigung nicht zulässig. Selbst eine Zusammenrechnung der 450 Euro-Jobs untereinander ist nicht zulässig, wenn diese neben einer versicherungspflichtigen Hauptbeschäftigung ausgeübt werden. Hier besteht also für 450 Euro-Nebenjobs immer Versicherungsfreiheit.

Wenn neben einer Hauptbeschäftigung mehrere geringfügige Beschäftigungen ausgeübt werden, ist für die Entscheidung, welche bei der Zusammenrechnung unberücksichtigt bleibt, der Beginn der jeweiligen Beschäftigung maßgebend.

> Immer die zeitlich zuerst aufgenommene 450 Euro-Beschäftigung darf nicht mit der Hauptbeschäftigung zusammengerechnet werden.

In diesem Zusammenhang ist auch wichtig, dass die zuerst aufgenommene geringfügig entlohnte Beschäftigung mit den anderen 450 Euro-Jobs ebenfalls nicht zusammengerechnet werden darf. Sie bleibt also bei der weiteren sozialversicherungsrechtlichen Beurteilung völlig unberücksichtigt.

Beispiel:

Ein versicherungspflichtiger Arbeitnehmer (monatliches Arbeitsentgelt: 2.200,00 EUR) nimmt am 1.7.2013 zusätzlich eine Nebenbeschäftigung in einem Restaurant auf. Das monatliche Arbeitsentgelt beträgt 310,00 EUR. Darüber hinaus nimmt er am 1.9.2013 noch eine Nebenbeschäftigung als Taxifahrer auf. Dafür erhält er ein monatliches Arbeitsentgelt in Höhe von 260,00 EUR.

1. Kranken- und Pflegeversicherung:

Die im Restaurant ausgeübte erste Nebenbeschäftigung darf nicht mit der versicherungspflichtigen Hauptbeschäftigung zusammengerechnet werden. Sie bleibt in der Kranken- und Pflegeversicherung versicherungsfrei. Es sind aber Pauschalbeiträge zur Krankenversicherung zu zahlen (siehe Kapitel „Beiträge, Steuern und Umlagen"). Der zweite Nebenjob als Taxifahrer muss mit der versicherungspflichtigen Hauptbeschäftigung zusammengerechnet werden. Dadurch entsteht für diese Beschäftigung Kranken- und Pflegeversicherungspflicht.

2. Rentenversicherung:

In der Rentenversicherung unterliegen die beiden Nebenbeschäftigungen der Versicherungspflicht. In der ersten Nebenbeschäftigung kann sich der Arbeitnehmer von der Versicherungspflicht befreien lassen. Die zweite Nebenbeschäftigung als Taxifahrer ist mit der versicherungspflichtigen Hauptbeschäftigung zusammenzurechnen, so dass sie als nicht geringfügig entlohnte Beschäftigung Versicherungspflicht begründet; eine Befreiung ist nicht möglich.

3. Arbeitslosenversicherung:

In der Arbeitslosenversicherung dürfen weder der Nebenjob im Restaurant noch derjenige als Taxifahrer mit der versicherungspflichtigen Hauptbeschäftigung zusammengerechnet werden. Selbst eine Zusammenrechnung der beiden Nebenjobs untereinander ist nicht zulässig. Somit gelten beide Beschäftigungen weiterhin als geringfügig entlohnt und bleiben versicherungsfrei.

Was geschieht, wenn die Jahresarbeitsentgeltgrenze überschritten wird?

Wenn ein in der Krankenversicherung versicherungspflichtiger Arbeitnehmer neben seiner Hauptbeschäftigung mehrere geringfügig entlohnte Nebenjobs ausübt, kann es vorkommen, dass er durch die Zusammenrechnung die Jahresarbeitsentgeltgrenze in der Krankenversicherung überschreitet. Dann sind für den Rest des Kalenderjahres alle Beschäftigungen zunächst einmal krankenversicherungspflichtig.

Überschreitet der Arbeitnehmer mit seinem Gesamtarbeitsentgelt aus Haupt- und Nebenbeschäftigungen auch die Jahresarbeitsentgeltgrenze (JAE) des folgenden Jahres, scheidet er mit Ablauf des Kalenderjahres aus der Versicherungspflicht aus und kann sich freiwillig bzw. privat versichern. Das gilt gleichermaßen für die Pflegeversicherung.

Konstellation 4: versicherungsfreie Hauptbeschäftigung und 450 Euro-Jobs

Wird ein 450 Euro-Job neben einer versicherungsfreien Hauptbeschäftigung ausgeübt, sind die Zusammenrechnungsregelungen noch vielfältiger als bei einer versicherungspflichtigen Hauptbeschäftigung. Jetzt kommt es nicht nur darauf an, wie viele Nebenjobs ausgeübt werden. Entscheidend ist jetzt auch noch, aus welchem Grund die Hauptbeschäftigung versicherungsfrei ist. Hintergrund dafür ist die Tatsache, dass die Voraussetzungen für die Versicherungsfreiheit einer Beschäftigung in den einzelnen Sozialversicherungszweigen unterschiedlich sind.

Für alle Sozialversicherungszweige gilt, dass eine Beschäftigung wegen der Art der Tätigkeit versicherungsfrei sein kann. Beispielhaft dafür ist die Beschäftigung als Beamter. Ein Beamter ist in seiner Tätigkeit in der Kranken-, Pflege-, Renten- und Arbeitslosenversicherung durchgängig versicherungsfrei.

In der Krankenversicherung kann darüber hinaus für einen Arbeitnehmer auch deshalb Versicherungsfreiheit vorliegen, weil er mit seinem Entgelt die Jahresarbeitsentgeltgrenze übersteigt.

> Grundsätzlich gilt: Eine Zusammenrechnung einer 450 Euro-Beschäftigung mit einer Hauptbeschäftigung ist nur zulässig, wenn die Hauptbeschäftigung in dem einzelnen Versicherungszweig auch Versicherungspflicht begründet.

„JAE-Überschreiter" und ein 450 Euro-Job

Übt ein Arbeitnehmer, der mit seinem Arbeitsentgelt die Jahresarbeitsentgeltgrenze (JAE) in der Krankenversicherung überschreitet, nur einen geringfügig entlohnten Nebenjob aus, ist eine Zusammenrechnung der beiden Beschäftigungen in allen Versicherungszweigen nicht zulässig.

- In der Krankenversicherung scheidet eine Zusammenrechung aus, weil die Hauptbeschäftigung keine Versicherungspflicht begründet.
- In der Rentenversicherung unterliegt die Nebenbeschäftigung der Versicherungspflicht, von der sich der Arbeitnehmer aber befreien lassen kann.
- In der Arbeitslosenversicherung ist ohnehin eine Zusammenrechnung von Haupt- und Nebenbeschäftigung nicht zulässig.

Beispiel:

Ein Arbeitnehmer mit einem monatlichen Arbeitsentgelt in Höhe von 4.550,00 EUR nimmt zusätzlich noch eine Nebenbeschäftigung auf und erhält dafür ein monatliches Arbeitsentgelt in Höhe von 350,00 EUR.

Der Arbeitnehmer ist in der Krankenversicherung wegen Überschreitens der Jahresarbeitsentgeltgrenze versicherungsfrei. In der Renten- bzw. Arbeitslosenversicherung besteht in der Hauptbeschäftigung allerdings Versicherungspflicht. Die Nebenbeschäftigung ist für sich betrachtet geringfügig entlohnt, weil das Arbeitsentgelt 450,00 EUR nicht übersteigt.

1. Krankenversicherung:

In der Krankenversicherung ist eine Zusammenrechnung von Haupt- und Nebenbeschäftigung nicht zulässig, weil die Hauptbeschäftigung keine Versicherungspflicht begründet.

2. Rentenversicherung:

Die Nebenbeschäftigung unterliegt ebenfalls der Versicherungspflicht. Der Arbeitnehmer kann sich von der Rentenversicherungspflicht auf Antrag befreien lassen.

3. Arbeitslosenversicherung:

Auch in der Arbeitslosenversicherung ist die Hauptbeschäftigung versicherungspflichtig. Eine Zusammenrechnung von Haupt- und Nebenbeschäftigung ist hier generell ausgeschlossen.

Wegen der Versicherungsfreiheit in der Krankenversicherung besteht auch Versicherungsfreiheit in der Pflegversicherung.

„JAE-Überschreiter" und mehrere 450 Euro-Jobs

Übt ein Beschäftigter, der mit seinem Arbeitsentgelt die Jahresarbeitsentgeltgrenze in der Krankenversicherung übersteigt, mehrere jeweils für sich gesehen geringfügige Beschäftigungen aus, gilt in den einzelnen Versicherungszweigen Folgendes:

- In der Krankenversicherung ist eine Zusammenrechnung von Haupt- und Nebenbeschäftigung nicht zulässig, weil die Hauptbeschäftigung keine Versicherungspflicht begründet. Das Zusammenrechnungsverbot gilt wegen der Versicherungsfreiheit der Hauptbeschäftigung für alle daneben ausgeübten Nebenjobs. Untereinander sind die Nebenjobs zwar zu addieren. Aber selbst wenn das Arbeitsentgelt die 450 Euro-Grenze übersteigt, tritt Versicherungspflicht nicht ein, weil bereits Versicherungsfreiheit wegen Überschreitens der Jahresarbeitsentgeltgrenze vorliegt.

- Aus der Versicherungsfreiheit der Nebenjobs in der Krankenversicherung folgt auch die Versicherungsfreiheit in der Pflegeversicherung.
- Rentenversicherung: Die Nebenbeschäftigungen unterliegen der Versicherungspflicht. In der ersten Nebenbeschäftigung kann sich der Arbeitnehmer von der Versicherungspflicht befreien lassen. Alle weiteren Nebenjobs müssen mit der Hauptbeschäftigung zusammengerechnet werden, so dass sie als nicht geringfügig entlohnte Beschäftigungen rentenversicherungspflichtig sind; eine Befreiung ist nicht möglich.
- In der Arbeitslosenversicherung ist eine Zusammenrechnung von Haupt- und Nebenbeschäftigung generell nicht zulässig. Selbst eine Zusammenrechnung der 450 Euro-Jobs untereinander ist nicht möglich. Somit bleiben alle Nebenjobs für sich gesehen geringfügig entlohnt und damit versicherungsfrei.

Beamte und 450 Euro-Jobs

Die Tätigkeit als Beamter führt in keinem Sozialversicherungszweig zur Versicherungspflicht. Übt ein Beamter nur eine 450 Euro-Nebenbeschäftigung aus, besteht auch in diesem Nebenjob in der Kranken-, Pflege- und Arbeitslosenversicherung Versicherungsfreiheit. Die Begründung hier für lautet einheitlich: Eine Zusammenrechnung von Haupt- und Nebenbeschäftigung ist nur dann zulässig, wenn die Hauptbeschäftigung Versicherungspflicht begründet. In der Rentenversicherung unterliegt die Nebenbeschäftigung des Beamten grundsätzlich der Versicherungspflicht.

Übt ein Beamter allerdings neben seiner Hauptbeschäftigung mehrere geringfügig entlohnte Beschäftigungen aus, gilt es – wie so oft in der Sozialversicherung – einige Besonderheiten zu beachten.

- Krankenversicherung: Keiner der 450 Euro-Nebenjobs darf mit der Beschäftigung als Beamter zusammengerechnet werden, weil die Hauptbeschäftigung keine Versicherungspflicht begründet. Untereinander sind die Nebenjobs zwar zu addieren. Aber selbst wenn das Arbeitsentgelt aus allen Nebenjobs die 450 Euro-Grenze übersteigt, tritt Versicherungspflicht nicht ein, weil bereits Versicherungsfreiheit als Beamter vorliegt.
- Pflegeversicherung: Aus der Versicherungsfreiheit der Nebenjobs in der Krankenversicherung folgt auch diejenige in der Pflegeversicherung.
- Rentenversicherung: Die Nebenbeschäftigungen unterliegen der Versicherungspflicht.
  Besonderheiten sind deshalb nur zu berücksichtigen, wenn sich der Beamte in den Nebenbeschäftigungen von der Rentenversicherungspflicht hat befreien lassen: Wie bereits in der Krankenversicherung ist auch hier keiner der 450 Euro-Nebenjobs mit der Beschäftigung als Beamter zusammenzurechnen, weil die Hauptbeschäftigung keine Versicherungspflicht begründet.
  Untereinander sind die Nebenjobs allerdings zusammenzurechnen. Der Grundsatz, dass die erste Nebenbeschäftigung generell nicht mit der Hauptbeschäftigung zusammengerechnet wird, gilt nur, wenn die Hauptbeschäftigung auch Versicherungspflicht begründet. Liegt das Arbeitsent-

gelt aus allen Nebenjobs insgesamt unter 450,00 EUR, besteht in den einzelnen Nebenbeschäftigungen Versicherungsfreiheit. Wird die 450 Euro-Grenze allerdings überschritten, tritt in allen Nebenjobs Versicherungspflicht ein.

- Arbeitslosenversicherung: In der Arbeitslosenversicherung dürfen Haupt- und Nebenbeschäftigung nicht zusammengerechnet werden, weil die Hauptbeschäftigung keine Versicherungspflicht begründet.
  Untereinander sind die Nebenjobs allerdings alle zusammenzurechnen. Liegt das Arbeitsentgelt aus allen Nebenjobs insgesamt unter 450,00 EUR, besteht in den einzelnen Nebenbeschäftigungen Versicherungsfreiheit. Wird die 450 Euro-Grenze überschritten, tritt in allen Nebenjobs Versicherungspflicht ein.

Besondere Personengruppen

Bei bestimmten Personengruppen, die geringfügig entlohnte Beschäftigungen ausüben, sind einige Besonderheiten zu beachten.

Personen in Elternzeit

Wird ein 450 Euro-Job in der Elternzeit ausgeübt, ist er kranken-, pflege- und arbeitslosenversicherungsfrei; in der Rentenversicherung besteht Versicherungspflicht.

Werden mehrere 450 Euro-Beschäftigungen in der Elternzeit ausgeübt, müssen diese zusammengerechnet werden. Wird dann die 450 Euro-Grenze überschritten, besteht für alle Nebenjobs Versicherungspflicht in der Sozialversicherung.

Freiwillig Wehrdienstleistende

Wer einen freiwilligen Wehrdienst leistet, ist in einer zusätzlich ausgeübten geringfügig entlohnten Beschäftigung kranken-, pflege- und arbeitslosenversicherungsfrei; in der Rentenversicherung besteht grundsätzlich Versicherungspflicht.

Werden neben dem freiwilligen Wehrdienst mehrere 450 Euro-Nebenjobs ausgeübt, müssen diese auch zusammengerechnet werden. Übersteigt das Arbeitsentgelt aus allen Beschäftigungen die 450 Euro-Grenze, tritt in allen Nebenbeschäftigungen Versicherungspflicht ein.

Bezieher von Leistungen der Arbeitsagentur

Übt ein Bezieher von Leistungen der Arbeitsagentur eine geringfügig entlohnte Nebenbeschäftigung aus, ist diese in der in der Kranken-, Pflege- und Arbeitslosenversicherung versicherungsfrei; in der Rentenversicherung besteht grundsätzlich Versicherungspflicht. Auf die Leistung (z.B. Arbeitslosengeld) kann unter Berücksichtigung von bestimmten Freibeträgen das Arbeitsentgelt aus dem Minijob angerechnet werden.

Werden neben dem Leistungsbezug mehrere Nebenjobs ausgeübt, tritt Versicherungspflicht in allen Beschäftigungen ein, wenn das Arbeitsentgelt insgesamt über 450,00 EUR liegt.

Studenten

Eine geringfügig entlohnte Beschäftigung von Studenten ist kranken-, pflege- und arbeitslosenversicherungsfrei. Für gesetzlich krankenversicherte Studenten sind vom Arbeitgeber Pauschalbeiträge zu zahlen. In der Rentenversicherung besteht Versicherungspflicht, von der sich der Student bzw. Arbeitnehmer aber befreien lassen kann.

Überschreitet das Arbeitsentgelt die 450 Euro-Grenze, müssen Sie einige Besonderheiten beachten. In diesem Fall tritt nicht zwingend Kranken-, Pflege- und Arbeitslosenversicherungspflicht ein. Hier kommt es nämlich darauf an, ob das Erscheinungsbild als Student gegenüber demjenigen als Arbeitnehmer überwiegt.

- Maßgeblich ist dabei ausschließlich die wöchentliche Arbeitszeit. Beträgt diese regelmäßig nicht mehr als 20 Stunden, bleibt es beim Erscheinungsbild als Student; die Beschäftigung ist also kranken-, pflege- und arbeitslosenversicherungsfrei. Der Arbeitgeber muss keine Beiträge zahlen, auch keine Pauschalbeiträge zur Krankenversicherung. Die Höhe des Arbeitsentgelts spielt hierbei im Übrigen keine Rolle.
- In der Rentenversicherung besteht Versicherungspflicht nicht (mehr) wegen einer geringfügig entlohnten Beschäftigung. Die Folge: Arbeitgeber und Student haben die Pflichtbeiträge anteilig zu tragen. Liegt das Arbeitsentgelt allerdings innerhalb der Gleitzone (450,01 EUR bis 850,00 EUR), gelten hinsichtlich des beitragspflichtigen Arbeitsentgelts

sowie der Beitragstragung Besonderheiten. In diesem Fall trägt der Student einen Arbeitnehmer-Beitragsanteil ausgehend von einem reduzierten Arbeitsentgelt.

Kranken-, Pflege- und Arbeitslosenversicherungsfreiheit kann übrigens auch bei einer wöchentlichen Arbeitszeit von mehr als 20 Stunden vorliegen. Sollte die Beschäftigung nämlich überwiegend in den Abend- oder Nachtstunden oder am Wochenende ausgeübt werden, bleibt es bei der Versicherungsfreiheit. Gleiches gilt, wenn die 20-Stunden-Grenze ausschließlich in den Semesterferien überschritten wird.

Beispiel:

Eine Studentin geht einer Dauerbeschäftigung nach. Die wöchentliche Arbeitszeit beträgt normalerweise 18 Stunden (900,00 EUR monatlich). In den Semesterferien vom 15.2. bis 10.4. erhöht sie die wöchentliche Arbeitszeit auf 40 Stunden (2.100,00 EUR monatlich).

Es besteht durchgehend Versicherungsfreiheit in der Kranken-, Pflege- und Arbeitslosenversicherung. In der Rentenversicherung hingegen tritt von Anfang an Versicherungspflicht aufgrund einer mehr als geringfügig entlohnten Beschäftigung. Die Rentenversicherungsbeiträge sind vom Arbeitnehmer und Arbeitgeber anteilig aufzubringen (jeweils 9,45 % des Arbeitsentgelts).

Ausführliche Informationen zur Gleitzonenregelung bietet das Kapitel „Wenn der Mini-Job ein wenig größer wird“.

Wann tritt die Versicherungspflicht ein?

Die sozialversicherungsrechtliche Beurteilung eines Beschäftigungsverhältnisses vorzunehmen ist in aller Regel Aufgabe des Arbeitgebers. Dazu müssen bei ihm zahlreiche Daten und Fakten zusammenfließen. Deshalb sind auch Arbeitnehmer aufgefordert, dem Arbeitgeber alle für eine korrekte sozialversicherungsrechtliche Beurteilung notwendigen Angaben zu machen. Dazu gehört insbesondere, dass sie dem Arbeitgeber Auskunft über evtl. Vorbeschäftigungen oder über aktuelle weitere Beschäftigungen geben.

Stellen die Sozialversicherungsträger im Nachhinein Überschneidungen von geringfügigen Beschäftigungen oder Haupt- und Nebenbeschäftigungen fest, beginnt die Versicherungspflicht in solchen Fällen nicht rückwirkend, sondern immer erst dann, wenn der Sozialversicherungsträger (in erster Linie die Minijob-Zentrale und der den Betrieb prüfende Rentenversicherungsträger) dem Arbeitgeber die Überschneidung schriftlich mitteilt; den genauen Termin des Beginns der Versicherungspflicht entnehmen Sie der entsprechenden Mitteilung.

Das trifft auch zu, wenn die Sozialversicherungsträger Überschneidungen oder Überschreitungen der Zeitgrenzen bei kurzfristigen Beschäftigungen (siehe Kapitel „Kurzfristige Beschäftigungen“) feststellen.

> Die Regelung gilt nicht, wenn der Arbeitgeber vorsätzlich oder grob fahrlässig nicht alle Fakten für die richtige sozialversicherungsrechtliche Beurteilung aufgeklärt hat.

Antrag auf Befreiung von der Rentenversicherungspflicht

Bis zum 31.12.2012 waren geringfügig Beschäftigte in der gesetzlichen Rentenversicherung grundsätzlich versicherungsfrei. Sie hatten aber die Möglichkeit, auf die Rentenversicherungsfreiheit zu verzichten (sog. Opt-in). Hiervon haben die Arbeitnehmer nur recht selten Gebrauch gemacht.

Ab dem 1.1.2013 ist es genau umgekehrt: Alle Arbeitnehmer, die nach dem 31.12.2012 eine geringfügig entlohnte Beschäftigung aufnehmen, unterliegen grundsätzlich der Rentenversicherungspflicht. Sie haben jedoch die Möglichkeit, sich auf Antrag von der Rentenversicherungspflicht befreien zu lassen (sog. Opt-out). Durch die Umkehrung des Regel-Ausnahme-Verhältnisses erhofft sich der Gesetzgeber, dass künftig deutlich mehr Minijobber Beiträge in die gesetzliche Rentenversicherung einzahlen.

Welche Vorteile bringt die Rentenversicherungspflicht?

Wenn ein Arbeitnehmer in seiner geringfügig entlohnten Beschäftigung der Rentenversicherungspflicht unterliegt, hat das zur Folge, dass die gezahlten Beiträge für die Rentenversicherung nicht als Pauschalbeiträge gelten, sondern sie als Pflichtbeiträge anerkennt werden. Das hat u.a. Auswirkungen auf den Leistungsanspruch in der Rentenversicherung.

Beispielsweise erwirbt der Arbeitnehmer Ansprüche auf Rehabilitationsleistungen – besser bekannt unter dem Begriff „Reha-Kuren". Noch ein entscheidender Vorteil: Zeiten, für die in der Rentenversicherung Pflichtbeiträge gezahlt werden, gelten als Versicherungszeiten, sind damit auch auf die sogenannten „Wartezeiten" anzurechnen und können somit zu einem Rentenanspruch (u.a. auf Erwerbsminderungsrenten) führen. Darüber hinaus kann der Arbeitnehmer die staatliche Förderung für Riester-Renten in Anspruch nehmen.

Die Rentenversicherungspflicht hat zur Folge, dass sich der Minijobber auch an der Aufbringung der Rentenversicherungsbeiträge beteiligen muss. Konkret bedeutet das, dass er von seinem Arbeitsentgelt 3,9 % beisteuern muss. Mehr hierzu im Abschnitt „Beiträge und Steuern".

Wie wird die Befreiung von der Rentenversicherungspflicht beantragt?

Entscheidet sich der geringfügig entlohnt Beschäftigte gegen die vorgesehene Rentenversicherungspflicht, übergibt er seinem Arbeitgeber einen schriftlichen Befreiungsantrag. Der Arbeitgeber meldet daraufhin mit der Anmeldung der Beschäftigung der Minijob-Zentrale, dass der Arbeitnehmer einen Befreiungsantrag gestellt hat. Sofern die Minijob-Zentrale nicht innerhalb eines Monats nach Eingang der Arbeitgebermeldung widerspricht, gilt die Befreiung von der Rentenversicherungspflicht als erteilt.

Wann beginnt die Befreiung?

Die Befreiung gilt rückwirkend ab Beginn des Monats, in dem der Befreiungsantrag dem Arbeitgeber vorliegt, frühestens ab Beschäftigungsbeginn. Dies setzt voraus, dass der Arbeitgeber die Meldung an die Minijob-Zentrale spätestens innerhalb von sechs Wochen absetzt und die Minijob-Zentrale der Befreiung nicht (innerhalb eines Monats) widerspricht. Bei einer späteren Meldung des Arbeitgebers beginnt die Befreiung erst ab Beginn des Monats, der auf den Ablauf der einmonatigen Widerspruchsfrist folgt.

> Den Befreiungsantrag des Arbeitnehmers, auf dem das Eingangsdatum beim Arbeitgeber dokumentiert ist, nimmt der Arbeitgeber zu seinen Entgeltunterlagen.

Sofern der Arbeitnehmer mehrere geringfügig entlohnte Beschäftigungen ausübt, gilt die Befreiung einheitlich für alle Nebenbeschäftigungen und verliert erst dann ihre Wirkung, wenn keine geringfügig entlohnte Beschäftigung mehr ausgeübt wird. Die Minijob-Zentrale informiert die anderen beteiligten Arbeitgeber über die bestehende Befreiung.

Beispiel:

Ein Arbeitnehmer nimmt zusätzlich zu seiner versicherungspflichtigen Hauptbeschäftigung bei Arbeitgeber A am 12.8.2013 einen 450 Euro-Job bei Arbeitgeber B auf. Am 15.8.2013 übergibt er dem Arbeitgeber B seinen Antrag auf Befreiung von der Rentenversicherungspflicht. Dieser meldet die Befreiung der Minijob-Zentrale. Da von dort innerhalb eines Monats kein Widerspruch erfolgt, führt Arbeitgeber B ab Beschäftigungsbeginn nur den Pauschalbeitrag zur Rentenversicherung ab, ohne einen zusätzlichen Beitragsanteil des Arbeitnehmers einzubehalten. Den Befreiungsantrag nimmt der Arbeitgeber zu den Entgeltunterlagen. Auf die Rentenversicherungspflicht in der Hauptbeschäftigung bei Arbeitgeber A wirkt sich die Befreiung für die Nebenbeschäftigung nicht aus.

Gibt es ab 2013 Besonderheiten bei Übergangsfällen?

Wann besteht die Versicherungspflicht fort?

Bei den laufenden Beschäftigungsverhältnissen, die bereits vor dem 31.12.2012 bestanden haben, sind einige Besonderheiten zu beachten. Der Gesetzgeber hat hier Bestandsschutzregelungen geschaffen, die dafür sorgen, dass die Versicherungspflicht der Arbeitnehmer – in der Kranken-, Pflege- und Arbeitslosenversicherung übergangsweise für zwei Jahre bis zum 31.12.2014 – bestehen bleibt. Dies betrifft in erster Linie die Arbeitnehmer, die bis zum 31.12.2012 in ihrer Beschäftigung aufgrund der Höhe ihres Arbeitsentgelts (400,01 EUR bis 450,00 EUR) versicherungspflichtig waren und nach den neuen Regelungen als versicherungsfrei zu beurteilen wären, weil ihr Arbeitsentgelt 450,00 EUR nicht übersteigt. Für diese Arbeitnehmer bleibt es auch über den 1.1.2013 hinaus grundsätzlich in allen Sozialversicherungszweigen bei der Versicherungspflicht. Lediglich in der Kranken- und Pflegeversicherung endet die Versicherungspflicht mit dem 31.12.2012 (oder zu einem späteren Zeitpunkt), wenn für die Arbeitnehmer eine beitragsfreie Familienversicherung besteht.

Kann die Versicherungspflicht abgewählt werden?

Für die Kranken-, Pflege- und Arbeitslosenversicherung gilt: Arbeitnehmer mit einem monatlichen Arbeitsentgelt von 400,01 EUR bis 450,00 EUR können sich von der fortbestehenden Versicherungspflicht befreien lassen.

Die Befreiung von der Kranken- und Pflegeversicherungspflicht muss der Arbeitnehmer gegenüber dem Arbeitgeber spätestens bis zum 2.4.2013 (wegen Ostern verlängert sich die Frist um zwei Tage) beantragen. Sie beginnt am 1.1.2013, sofern noch keine Leistungen beansprucht worden sind, sonst mit Folgemonat der Antragstellung.

In der Arbeitslosenversicherungspflicht ist die Befreiung bis zum 2.4.2013 zu beantragen, wenn sie ab dem 1.1.2013 wirksam werden soll, sonst gilt sie erst ab Folgemonat der Antragstellung. Im Gegensatz zur Kranken- und Pflegeversicherung kann die Befreiung in der Arbeitslosenversicherung bis zum 31.12.2014 beantragt werden.

In der Rentenversicherung sind geringfügig entlohnte Arbeitnehmer grundsätzlich rentenversicherungspflichtig. Daher dürfen Arbeitnehmer ihre fortbestehende Rentenversicherungspflicht bis zum 31.12.2014 nicht abwählen.

Wann besteht die Rentenversicherungsfreiheit fort?

Hat das Beschäftigungsverhältnis bereits vor dem 1.1.2013 im Rahmen eines (damaligen) 400 Euro-Jobs bestanden, bleibt die Rentenversicherungsfreiheit erhalten. Die Arbeitnehmer können gegenüber dem Arbeitgeber aber auf die Rentenversicherungsfreiheit zugunsten der Versicherungspflicht verzichten.

Erhöht sich aber das monatliche Arbeitsentgelt auf über 400,00 EUR, endet die Versicherungsfreiheit – es tritt Rentenversicherungspflicht ein. Soll es weiter bei der Rentenversicherungsfreiheit bleiben, kann sich der Arbeitnehmer von der Versicherungspflicht befreien lassen.

Beiträge, Steuern und Umlagen

Für geringfügig entlohnt Beschäftigte können Pflichtbeiträge, Pauschalbeiträge und Pauschalsteuern sowie Umlagen anfallen. Doch welche Pauschalen kommen in Frage? Und was sind die Berechnungsgrundlagen? Wie berechnen sich für rentenversicherungspflichtige Minijobber die Beiträge? Und welche Umlagen sind vom Arbeitgeber abzuführen?

Beiträge zur Rentenversicherung bei Rentenversicherungspflicht

Die geringfügig entlohnten Beschäftigungen sind seit 1.1.2013 rentenversicherungspflichtig. Für Minijobber ist zur Rentenversicherung der volle Pflichtbeitrag in Höhe von derzeit 18,9 % des Arbeitsentgelts zu zahlen.

Dabei bringt der Arbeitgeber einen Beitragsanteil in Höhe von 15 % auf. Den Unterschiedsbetrag zum vollen Rentenversicherungsbeitrag, derzeit also 3,9 %, muss der Arbeitnehmer aus eigener Tasche zahlen. Bei 450 Euro-Jobs gilt somit keine hälftige Beitragstragung wie in „normalen" rentenversicherungspflichtigen Beschäftigungen.

Der volle Rentenversicherungsbeitrag beträgt zurzeit 18,9 % des Arbeitsentgelts.

Beitragsanteil des Arbeitgebers = 15 %. Beitragsanteil des Arbeitnehmers = 3,9 %.

Beispiel:

Eine familienversicherte Hausfrau hat am 1.5.2013 eine geringfügig entlohnte Beschäftigung für ein monatliches Arbeitsentgelt in Höhe von 420,00 EUR aufgenommen.

Die geringfügig entlohnte Beschäftigung ist in der Kranken-, Pflege- und Arbeitslosenversicherung versicherungsfrei. In der Rentenversicherung besteht aber Versicherungspflicht.

Der Arbeitgeber hat zur Krankenversicherung einen Pauschalbeitrag in Höhe von 54,60 EUR (13 % von 420,00 EUR) zu zahlen. Zur Rentenversicherung ist der volle Beitrag (18,9 %) zu entrichten (79,38 EUR). Der Arbeitgeber trägt 15 %, hier also 63,00 EUR. Die Hausfrau muss 3,9 % zahlen, also 16,38 EUR.

Lässt sich ein Minijobber von der Rentenversicherungspflicht befreien, sind vom Arbeitgeber Pauschalbeiträge zur Rentenversicherung zu zahlen (siehe Abschnitt „Pauschalbeiträge zur Rentenversicherung").

Wie hoch ist die Mindestbemessungsgrundlage?

Um allzu geringe Beiträge zur Rentenversicherung zu vermeiden, gilt bei Rentenversicherungspflicht eine monatliche Mindestbemessungsgrundlage von 175,00 EUR (bis zum 31.12.2012: 155,00 EUR). Liegt das Arbeitsentgelt unter diesem Betrag, hat das Auswirkungen für den Arbeitnehmer. Dann errechnet sich der Gesamtbeitrag zur Rentenversicherung aus diesem Mindestentgelt. Der Arbeitgeber zahlt jedoch weiterhin nur 15 % vom tatsächlichen Arbeitsentgelt. Der Arbeitnehmer muss dann den gesamten Unterschiedsbetrag bis zum Mindestbeitrag von zurzeit 33,08 EUR (18,9 % von 175,00 EUR) selbst aufbringen.

Beispiel:

Eine familienversicherte Verkäuferin übt seit 1.6.2013 eine Nebenbeschäftigung für ein monatliches Arbeitsentgelt von 130,00 EUR aus.

Die geringfügig entlohnte Beschäftigung ist in der Kranken-, Pflege- und Arbeitslosenversicherung versicherungsfrei, in der Rentenversicherung aber versicherungspflichtig.

Der Arbeitgeber hat zur Krankenversicherung den Pauschalbeitrag in Höhe von 16,90 EUR (13 % von 130,00 EUR) zu zahlen.

Zur Rentenversicherung ist der volle Beitrag zu entrichten. Weil das Arbeitsentgelt unter 175,00 EUR liegt, wird der Gesamtbeitrag aus diesem Mindestentgelt berechnet. Er beträgt 33,08 EUR (18,9 % von 175,00 EUR). Der Beitragsanteil des Arbeitgebers beträgt 19,50 EUR (15 % von 130,00 EUR); der Beitragsanteil der Verkäuferin beträgt 13,58 EUR (33,08 EUR - 19,50 EUR).

Pauschalbeiträge zur Rentenversicherung

Pauschale Beiträge zur Rentenversicherung fallen vor allem für die Arbeitnehmer an, die sich in einer neu aufgenommenen geringfügig entlohnten Beschäftigung von der Rentenversicherungspflicht haben befreien lassen. Darüber hinaus sind Pauschalbeiträge für die geringfügig entlohnten Arbeitnehmer zu zahlen, die ihren rentenversicherungsfreien Minijob über den 1.1.2013 hinaus fortführen und das daraus erzielte Arbeitsentgelt 400 EUR im Monat nicht übersteigt.

Pauschalbeiträge zur Rentenversicherung sind auch zu entrichten, wenn der geringfügig entlohnte Arbeitnehmer versicherungsfrei ist, weil er

- eine Altersvollrente bezieht oder
- eine Beamtenpension oder berufsständische Altersversorgung nach Erreichen einer Altersgrenze erhält (z.B. bei Architekten oder Rechtsanwälten) oder
- die Regelaltersgrenze erreicht hat und bis zum Erreichen der Regelaltersgrenze nicht versichert war oder die Rentenversicherungsbeiträge danach erstattet wurden.

Der pauschale Beitragssatz zur Rentenversicherung beträgt 15 %.

Pauschalbeiträge zur Krankenversicherung

Für geringfügig entlohnte Beschäftigte hat der Arbeitgeber pauschale Beiträge zur Krankenversicherung immer dann zu zahlen, wenn der Arbeitnehmer gesetzlich krankenversichert ist (z.B. als Familienversicherter oder freiwillig Versicherter). Für privat Krankenversicherte entfällt die pauschale Beitragszahlung.

Der pauschale Beitragssatz zur Krankenversicherung beträgt 13 %.

> Pauschale Beiträge zur Pflege- und Arbeitslosenversicherung fallen dagegen nach wie vor nicht an.

Was ist Grundlage der Berechnung der Pauschalbeiträge?

Grundlage für die Berechnung der pauschalen Beiträge zur Kranken- und Rentenversicherung ist das Arbeitsentgelt der geringfügigen Beschäftigung.

Beispiel:

Ein Arbeitnehmer übt beim Arbeitgeber A eine geringfügig entlohnte Beschäftigung für ein monatliches Arbeitsentgelt von 430,00 EUR aus. Von der Rentenversicherungspflicht hat sich der Arbeitnehmer befreien lassen.

Der Arbeitgeber hat monatlich insgesamt 120,40 EUR Pauschalbeiträge zur Kranken- und Rentenversicherung zu zahlen.

In aller Regel ist das Arbeitsentgelt eines geringfügig entlohnten Beschäftigten nicht höher als 450,00 EUR.

Davon gibt es allerdings auch Ausnahmen. Überschreitet das Arbeitsentgelt in einzelnen Monaten die 450 Euro-Grenze, beispielsweise weil Urlaubs- oder Weihnachtsgeld gezahlt wird, sind die Pauschalbeiträge auch von dem über 450,00 EUR hinausgehenden Betrag zu berechnen. Gleiches gilt, wenn Arbeitsentgelt nachgezahlt wird oder es zu einem gelegentlichen und unvorhergesehenen Überscheiten der 450 EUR-Grenze kommt.

Beispiel:

Ein Arbeitnehmer übt eine geringfügig entlohnte Beschäftigung für ein monatliches Arbeitsentgelt von 350,00 EUR aus. Von der Rentenversicherungspflicht hat er sich befreien lassen. Im Monat August muss er wider Erwarten eine Krankheitsvertretung übernehmen. Dadurch erhöht sich sein Arbeitsentgelt in diesem Monat auf 570,00 EUR. Die Pauschalbeiträge zur Kranken- und Rentenversicherung sind im Monat August aus dem erhöhten Arbeitsentgelt von 570,00 EUR zu zahlen. Die pauschalen Beiträge betragen also in diesem Monat zur Krankenversicherung 74,10 EUR (13 % von 570,00 EUR) und zur Rentenversicherung 85,50 EUR (15 % von 570,00 EUR).

Entsteht in der geringfügigen Beschäftigung Krankenversicherungspflicht, weil diese Beschäftigung beispielsweise mit einer Hauptbeschäftigung zusammenzurechnen ist, entfallen die Pauschalbeiträge. Dann sind „normale" Pflichtbeiträge zu zahlen.

Beispiel:

Ein Arbeitnehmer übt eine Beschäftigung beim Arbeitgeber A für ein monatliches Arbeitsentgelt von 2.850,00 EUR aus. Seit dem 1.2.2013 übt er daneben beim Arbeitgeber B eine Beschäftigung für 450,00 EUR aus.

In seiner Hauptbeschäftigung beim Arbeitgeber A ist der Arbeitnehmer in allen Sozialversicherungszweigen versicherungspflichtig. Eine Zusammenrechnung von Haupt- und Nebenbeschäftigung scheidet aus, weil nur ein Nebenjob ausgeübt wird. Die Beschäftigung beim Arbeitgeber B bleibt also kranken-, pflege- und arbeitslosenversicherungsfrei. Von der Rentenversicherungspflicht hat sich der Arbeitnehmer befreien lassen. Damit sind Pauschalbeiträge zur Krankenversicherung (13 % von 450,00 EUR = 58,50 EUR) und Rentenversicherung (15 % von 450,00 EUR = 67,50 EUR) zu zahlen. Zur Pflege- und Arbeitslosenversicherung fallen keine Beiträge aus dem Nebenjob an.

Durch die Pauschalbeiträge zur Krankenversicherung entsteht für den Arbeitnehmer kein eigenständiges Versicherungsverhältnis. Er bleibt vielmehr so versichert, wie er es auch bisher schon gewesen ist. In der Rentenversicherung wirken sich die pauschalen Beiträge später rentensteigernd aus.

Pauschale Beiträge brauchen aber nicht gezahlt zu werden, wenn die geringfügig entlohnte Beschäftigung gleichzeitig auch die Merkmale einer kurzfristigen Beschäftigung (siehe Kapitel „Kurzfristige Beschäftigungen") erfüllt.

Wer zahlt die Pauschalbeiträge?

Die pauschalen Beiträge zur Kranken- und Rentenversicherung hat immer der Arbeitgeber zu zahlen, und zwar in voller Höhe. Der Arbeitnehmer wird an der Zahlung von Pauschalbeiträgen nicht beteiligt. Kommt es allerdings wegen der

Zusammenrechnung von Haupt- und Nebenbeschäftigung zur Versicherungspflicht im Nebenjob, sind die dann zu zahlenden Pflichtbeiträge von Arbeitgeber und Arbeitnehmer anteilig zu tragen.

Beiträge für Beschäftigte im Privathaushalt

Für geringfügig Beschäftigte in Privathaushalten gelten abweichende Pauschalbeitragssätze, und zwar sowohl zur Kranken- als auch zur Rentenversicherung einheitlich jeweils 5 %. Daneben sind – wie auch bei Beschäftigten außerhalb vom Privathaushalt – zusätzlich 2 % Pauschsteuer zu zahlen.

Auch Minijobber im Privathaushalt unterliegen in neu aufgenommenen Beschäftigungen seit dem 1.1.2013 der Rentenversicherungspflicht. Der Arbeitgeber zahlt dann weiterhin nur 5 % vom Arbeitsentgelt. Den Unterschiedsbetrag zum vollen Beitrag, das sind derzeit 13,9 %, muss der Arbeitnehmer alleine tragen.

Falls die Beschäftigten im Privathaushalt sich von der Rentenversicherungspflicht befreien lassen möchten, reichen sie den entsprechenden Antrag bei ihrem Arbeitgeber (Privathaushalt) ein. Im Falle der Befreiung sind vom Arbeitgeber zur Rentenversicherung die monatlichen Pauschalbeiträge von 5 % zu zahlen.

Beispiel:

Eine familienversicherte Hausfrau nimmt am 1.9.2013 eine geringfügig entlohnte Beschäftigung in einem Privathaushalt für ein monatliches Arbeitsentgelt in Höhe von 210,00 EUR auf. Die geringfügig entlohnte Beschäftigung ist in der Kranken-, Pflege- und Arbeitslosenversicherung versicherungsfrei, in der Rentenversicherung hingegen versicherungspflichtig. Der Arbeitgeber hat zur Krankenversicherung den Pauschalbeitrag in Höhe von 10,50 EUR (5 % von 210,00 EUR) zu zahlen. Zur Rentenversicherung ist der volle Beitrag zu entrichten (18,9 %). Der Arbeitgeber trägt auch hier 5 %, also ebenfalls 10,50 EUR. Die Hausfrau muss 13,9 % zahlen, also 29,19 EUR im Monat.

Pauschale Steuern

Abgeltungssteuer in Höhe von 2 %

Für geringfügig entlohnte Nebenjobs müssen auch Steuern gezahlt werden. Die Steuer wird allerdings nicht nach den individuellen Verhältnissen des Arbeitnehmers (Steuerklasse, Freibeträge) berechnet. Damit die Berechnung der Steuer für die Arbeitgeber möglichst einfach ist, besteht die Möglichkeit, auf das Arbeitsentgelt eine sogenannte Abgeltungssteuer in Höhe von 2 % zu erheben. Diese Abgeltungssteuer umfasst dann auch den Solidaritätszuschlag sowie ggf. die Kirchensteuer. Die Erhebung der 2 %igen Pauschsteuer ist allerdings nur dann möglich, wenn zur Rentenversicherung entweder Pflichtbeiträge mit den Aufstockungsbeiträgen des Arbeitnehmers von derzeit 3,9 % oder Pauschalbeiträge gezahlt werden. Sofern der Arbeitgeber von der Möglichkeit der Abgeltungssteuer Gebrauch macht, ist die Vorlage einer Lohnsteuerkarte des Beschäftigten nicht notwendig.

Beispiel:

Eine familienversicherte Hausfrau übt seit 1.8.2013 eine Beschäftigung als Büroassistentin aus. Das regelmäßige monatliche Arbeitsentgelt beträgt 350,00 EUR. Von der Rentenversicherungsfreiheit hat sich die Arbeitnehmerin befreien lassen.

Bei der ausgeübten Beschäftigung handelt es sich um eine geringfügig entlohnte Beschäftigung, weil das monatliche Arbeitsentgelt die Geringfügigkeitsgrenze von 450,00 EUR nicht übersteigt.

Der Arbeitgeber zahlt pauschale Beiträge zur Krankenversicherung in Höhe von 45,50 EUR (13 % von 350,00 EUR) und zur Rentenversicherung in Höhe von 52,50 EUR (15 % von 350,00 EUR). Darüber hinaus ist noch eine Pauschalsteuer in Höhe von 7,00 EUR (2 % von 350,00 EUR) zu zahlen. Insgesamt muss der Arbeitgeber aus dem 450 Euro-Job also Abgaben in Höhe von 105,00 EUR zahlen.

Pauschsteuer in Höhe von 20 %

Sind für eine geringfügig entlohnte Beschäftigung zur Rentenversicherung keine Pflichtbeiträge mit den Aufstockungsbeiträgen des Arbeitnehmers oder pauschale Beiträge zu zahlen (beispielsweise weil die Beschäftigung mit einem weiteren Minijob zusammenzurechnen ist und deshalb in der Rentenversicherungspflicht nicht aufgrund der geringfügig entlohnten Beschäftigung besteht), ist die Erhebung der 2-prozentigen Pauschsteuer nicht mehr möglich.

In diesen Fällen besteht allerdings die Möglichkeit, die Lohnsteuer mit einem Pauschalsteuersatz in Höhe von 20 % zu erheben. Beachten Sie in diesem Fall aber, dass dann der Solidaritätszuschlag und ggf. die Kirchensteuer noch gesondert berechnet werden müssen. Auch bei der 20-prozentigen Pauschsteuererhebung ist die Vorlage einer Lohnsteuerkarte nicht notwendig.

Wer zahlt die Pauschsteuer?

Wie bereits die pauschalen Beiträge muss der Arbeitgeber auch die Pauschsteuer in voller Höhe zahlen. Das gilt sowohl für die 2-prozentige Abgeltungssteuer als auch für die 20-prozentige Pauschsteuer. Der Arbeitgeber hat jedoch grundsätzlich die Möglichkeit, die Abgeltungs- bzw. Pauschsteuer im Innenverhältnis auf den Arbeitnehmer abzuwälzen.

Rechnet man die (pauschalen) Beiträge zur Kranken- und Rentenversicherung hinzu, wird der Arbeitgeber bei einem geringfügigen Nebenjob in aller Regel derzeit mit insgesamt 30 % Abgaben (13 % pauschale Krankenversicherungsbeiträge, 15 % [pauschale] Rentenversicherungsbeiträge und 2 % Pauschalsteuer) belastet.

Umlagen

Arbeitgeber von geringfügig entlohnt Beschäftigten müssen neben den Beiträgen und Steuern monatliche Umlagen für Arbeitgeberaufwendungen bei Krankheit und Schwangerschaft und für die Mittel zur Zahlung des Insolvenzgeldes zahlen. Da es sich hierbei um reine Arbeitgeberversicherungen handelt, sind die Umlagen allein vom Arbeitgeber aufzubringen. Private Haushalte haben keine Insolvenzgeldumlage zu entrichten.

U1- und U2-Umlagen

Der Umlagesatz für die U1 wird für die Entgeldfortzahlung bei Arbeitsunfähigkeit erhoben; er beträgt für geringfügig Beschäftigte derzeit 0,7 % bei einem Erstattungssatz von 80 % der erstattungsfähigen Aufwendungen. Der Umlagesatz für die U2 wird für Mutterschaftsleistungen erhoben; er beträgt derzeit 0,14 % bei einem Erstattungsbetrag für die erstattungsfähigen Aufwendungen von 100 %.

Insolvenzgeldumlage

Der Umlagesatz für 2013 beträgt 0,15 %.

Zahlung und Nachweis der Beiträge und Pauschsteuern sowie der Umlagen

Grundsätzlich gilt zunächst, dass sowohl die Pauschalbeiträge zur Kranken- und Rentenversicherung als auch die Pflichtbeiträge zur Rentenversicherung zum Gesamtsozialversicherungsbeitrag gehören.

Die Pauschalbeiträge zur Kranken- und Rentenversicherung sowie die Rentenversicherungsbeiträge bei Versicherungspflicht aufgrund des 450 Euro-Jobs sowie bei Verzicht auf die Rentenversicherungsfreiheit sind zentral an die Minijob-Zentrale bei der Deutschen Rentenversicherung Knappschaft-Bahn-See (www.minijob-zentrale.de) in Essen zu zahlen. Das gilt selbst dann, wenn beispielsweise nur Pauschalbeiträge zur Krankenversicherung zu zahlen sind und in der Rentenversicherung Versicherungspflicht aufgrund einer mehr als geringfügigen Beschäftigung besteht und deshalb individuelle („normale") Pflichtbeiträge an die zuständige Krankenkasse zu zahlen sind. In diesen Fällen kommt es also zu unterschiedlichen Zahlungswegen.

Die Zahlung der Beiträge zur Kranken- und Rentenversicherung an die Minijob-Zentrale führt aber nicht dazu, dass bei der Knappschaft auch eine Mitgliedschaft in der Krankenversicherung entsteht. Selbstverständlich bleiben alle geringfügig Beschäftigten bei ihrer bisherigen Krankenkasse versichert. Im Übrigen ist auch die 2 %-ige Abgeltungssteuer zusammen mit den Beiträgen an die Minijob-Zentrale zu zahlen.

Für den Nachweis der Beiträge, der Pauschsteuern und der Umlagen müssen die Arbeitgeber der Minijob-Zentrale einen gesonderten Beitragsnachweis(-Datensatz) für geringfügig Beschäftigte übermitteln. In diesen Beitragsnachweis muss auch die Steuernummer des Arbeitgebers eingetragen werden, damit die Minijob-Zentrale die Pauschsteuern an das richtige Finanzamt weiterleiten kann.

Kurzfristige Beschäftigungen

Auch wenn Arbeitnehmer kurzfristig beschäftigt sind, gelten sie als geringfügig Beschäftigte – unabhängig von der Höhe des Arbeitsentgelts. Doch was genau bedeutet kurzfristig? Was geschieht bei Verlängerung des Arbeitsvertrags? Oder wenn der Arbeitnehmer mehreren solchen Beschäftigungen nachgeht?

Wann liegt eine kurzfristige Beschäftigung vor?

Eine kurzfristig ausgeübte Beschäftigung ist in der Sozialversicherung versicherungsfrei. Eine kurzfristige und damit versicherungsfreie Beschäftigung liegt vor, wenn diese von vornherein auf maximal zwei Monate (60 Kalendertage) bzw. auf 50 Arbeitstage befristet ist. Die Befristung kann vertraglich vereinbart sein, sich aber auch aus der Eigenart der Beschäftigung ergeben.

- Wird die Beschäftigung an mindestens fünf Tagen in der Woche ausgeübt, ist sie am Zweimonatszeitraum zu messen.
- Wird die Beschäftigung an weniger als fünf Tagen in der Woche ausgeübt, ist bei der Beurteilung der Kurzfristigkeit von 50 Arbeitstagen auszugehen. Beachten Sie dabei:

Ein Nachtdienst, der sich über zwei Kalendertage erstreckt, gilt als ein Arbeitstag.

- Werden an einem Kalendertag mehrere kurzfristige Beschäftigungen ausgeübt, gilt auch dieser Kalendertag als ein Arbeitstag.

Kurzfristigkeit und damit Versicherungsfreiheit ist übrigens ausgeschlossen, wenn die Beschäftigung berufsmäßig ausgeübt wird und das Arbeitsentgelt aus dieser Beschäftigung 450,00 EUR im Monat überschreitet.

> An den Grenzwerten der kurzfristigen Beschäftigung haben sich zum 1.1.2013 keine Änderungen ergeben.

Werden mehrere Beschäftigungen zusammengerechnet?

Zur Prüfung der Frage, ob die Zeiträume von zwei Monaten bzw. 50 Arbeitstagen überschritten werden, sind mehrere Beschäftigungen zusammenzurechnen. Dies gilt übrigens auch dann, wenn die Beschäftigungen bei unterschiedlichen Arbeitgebern ausgeübt werden. Bei der Zusammenrechnung wird auf das Kalenderjahr abgestellt. Der Zeitraum zur Prüfung der anzurechnenden Vorbeschäftigungen beginnt deshalb stets mit dem 1.1. des jeweiligen Kalenderjahres. Sie müssen also jeweils bei Beginn einer neuen Beschäftigung prüfen, ob die im gleichen Kalenderjahr bereits ausgeübten Beschäftigungen zusammen mit der zu beurteilenden Beschäftigung die Zeitgrenze von zwei Monaten bzw. 50 Arbeitstagen überschreiten. Der Beurteilungszeitraum endet stets mit dem voraussichtlichen Ende der Beschäftigung.

Beispiel:

Eine Beschäftigung wird zeitlich vom 1.6.2013 bis 15.7.2013 befristet. Beurteilungszeitraum: 1.1.2013–15.7.2013

Angerechnet werden alle kurzfristig ausgeübten Beschäftigungen innerhalb dieses Zeitraums. Dabei spielt es keine Rolle, ob es sich um geringfügig entlohnte oder mehr als geringfügig entlohnte Beschäftigungen handelt. Entscheidend ist, dass es sich um – jeweils für sich betrachtet – kurzfristige Beschäftigungen handelt.

Beispiel:

Ein Arbeitnehmer übt vom 16.6.2013 bis zum 31.7.2013 eine Beschäftigung (5-Tage-Woche) befristet aus. Zuletzt hatte er vom 1.10.2012 bis 15.11.2012 eine kurzfristige Beschäftigung ausgeübt. Der Beurteilungszeitraum für den aktuellen Job verläuft vom 1.1.2013 bis zum 31.7.2013. Innerhalb dieses Zeitraums wurde keine anzurechnende Beschäftigung ausgeübt. Die Beschäftigung 2013 ist kurzfristig und damit sozialversicherungsfrei.

Der Arbeitgeber sollte sich vom Arbeitnehmer vor einer befristeten Beschäftigung Dauer und Umfang vorangegangener Beschäftigungsverhältnisse schriftlich nachweisen lassen. Nur so kann er eine korrekte sozialversicherungsrechtliche Beurteilung vornehmen. Sollten sich die Angaben später als falsch herausstellen und Versicherungspflicht eintreten, kann der Arbeitgeber den Arbeitnehmer-Beitragsanteil vom Arbeitnehmer einfordern.

Die versicherungsrechtliche Beurteilung wird im Übrigen immer vorausschauend für die gesamte Beschäftigungsdauer vorgenommen. Das gilt auch dann, wenn diese über den Jahreswechsel hinaus andauert und mit Beginn des neuen Kalenderjahres eigentlich ein neuer Beurteilungszeitraum beginnt. Eine Trennung der versicherungsrechtlichen Beurteilung nach Kalenderjahren wird also nicht vorgenommen.

Beispiel:

Ein Arbeitnehmer übt vom 1.12.2012 bis 31.1.2013 eine Beschäftigung befristet aus. Zuletzt verrichtete er eine kurzfristige Beschäftigung vom 1.7.2012 bis 31.8.2012.

Da im Kalenderjahr 2012 bereits Beschäftigungszeiten von zwei Monaten bzw. 50 Arbeitstagen vorliegen, besteht vom 1.12.2012 an Versicherungspflicht – und zwar bis zum geplanten Ende der Beschäftigung am 31.1.2013. Eine neue versicherungsrechtliche Beurteilung ist zum 1.1.2013 also nicht vorzunehmen.

Bei Verlängerung der Beschäftigung

Wird die Beschäftigung – entgegen der ursprünglichen Planung – doch über zwei Monate oder 50 Arbeitstage hinaus verlängert, tritt vom Tag des Überschreitens an grundsätzlich Versicherungspflicht ein. Stellt sich jedoch schon im Laufe der Beschäftigung heraus, dass sie länger als zwei Monate bzw. 50 Arbeitstage dauern wird, tritt Versicherungspflicht bereits ab dem Tag ein, von dem an die Überschreitung erkennbar wird, also nicht erst nach Ablauf der zwei Monate bzw. 50 Arbeitstage. Für die Vergangenheit bleibt es aber bei der ursprünglich angenommenen Versicherungsfreiheit.

Soweit das Arbeitsentgelt in diesen Fällen nicht mehr als 450,00 EUR monatlich beträgt, kommt ungeachtet der Tatsache, dass Geringfügigkeit wegen Kurzfristigkeit nicht mehr vorliegt, ggf. Versicherungsfreiheit als geringfügig entlohnte Beschäftigung in Betracht.

Was ist Berufsmäßigkeit?

Eine kurzfristige Beschäftigung erfüllt dann nicht mehr die Voraussetzungen der Versicherungsfreiheit, wenn die Beschäftigung berufsmäßig ausgeübt wird und das Arbeitsentgelt 450 EUR im Monat übersteigt. Die Prüfung der Berufsmäßigkeit kann also von vornherein unterbleiben, wenn das regelmäßige monatliche Arbeitsentgelt nicht mehr als 450 EUR beträgt.

Grundsätzlich gilt: Berufsmäßigkeit liegt nicht vor, wenn die Beschäftigung für den Arbeitnehmer von untergeordneter wirtschaftlicher Bedeutung ist. Dies ist z. B. bei Beschäftigungen, die nur gelegentlich (z.B. zwischen Schulabschluss und Studium) oder von Personen ausgeübt werden, die bereits aus dem aktiven Erwerbsleben ausgeschieden sind (Hausfrauen/Hausmänner, Rentner). Im Übrigen werden auch kurzfristige Beschäftigungen, die neben einer Hauptbeschäftigung ausgeübt werden, grundsätzlich nicht berufsmäßig ausgeübt. Legt ein Arbeitnehmer allerdings in dem jeweiligen Kalenderjahr Beschäftigungszeiten von insgesamt mehr als zwei Monaten oder 50 Arbeitstagen zurück, ist von Berufsmäßigkeit auszugehen. Angerechnet werden hierbei nicht nur Zeiten einer kurzfristigen Beschäftigung; berücksichtigt werden vielmehr alle Beschäftigungen mit einem monatlichen Arbeitsentgelt von mehr als 450 EUR. Dabei spielt es keine Rolle, ob es sich um befristete oder unbefristete Beschäftigungsverhältnisse handelte.

Berufsmäßigkeit liegt ohne weitere Prüfung bei Beschäftigungen von Personen vor, die Leistungen aus der Arbeitslosenversicherung erhalten (zum Beispiel Arbeitslosengeld) oder bei der Agentur für Arbeit für eine mehr als kurzfristige Beschäftigung arbeitsuchend gemeldet sind. Darüber hinaus liegt Berufsmäßigkeit bei Beschäftigungen vor, die während der Elternzeit oder eines unbezahlten Urlaubs ausgeübt werden.

Besondere Personengruppen

Schüler

Schüler können in den Schulferien eine versicherungsfreie kurzfristige Beschäftigung ausüben. Gleiches gilt für Beschäftigungen zwischen Schulentlassung und Aufnahme eines Studiums. Von Berufsmäßigkeit ist jedoch auszugehen, wenn die Beschäftigungen zwischen Schulentlassung und Aufnahme eines versicherungspflichtigen Beschäftigungsverhältnisses oder der Teilnahme an einem Bundesfreiwilligendienst o. Ä. ausgeübt werden.

Studenten

Studenten, die während der Vorlesungszeit eine kurzfristige Beschäftigung ausüben, bleiben sozialversicherungsfrei. Allerdings ist die Prüfung der Berufsmäßigkeit in der Kranken-, Pflege- und Arbeitslosenversicherung nach anderen Kriterien zu prüfen als in der Rentenversicherung.

In der Kranken-, Pflege- und Arbeitslosenversicherung gilt: Ist der Student innerhalb eines Jahres (nicht Kalenderjahres) an insgesamt mehr als 26 Wochen Beschäftigungen mit einer wöchentlichen Arbeitszeit von mehr als 20 Stunden nachgegangen, gilt die Beschäftigung als berufsmäßig ausgeübt. Die Folge: In diesen Sozialversicherungszweigen besteht Versicherungspflicht. Diese Besonderheiten gelten in der Rentenversicherung nicht. Hier beurteilt sich die Berufsmäßigkeit nach den allgemeinen Kriterien. Es kommt also auch bei den von Studenten ausgeübten Beschäftigungen darauf an, ob der Zeitraum von zwei Monaten bzw. 50 Arbeitstagen innerhalb des jeweiligen Kalenderjahres überschritten wird.

> Damit eine vom Arbeitgeber vorgenommene Entscheidung nachvollziehbar bleibt, sollte der Arbeitgeber entsprechende Schul- oder Studienbescheinigungen zu seinen Lohnunterlagen nehmen.

Rentner und Hausfrauen bzw. -männer

Eine Besonderheit bei der Beurteilung der Berufsmäßigkeit ergibt sich bei Rentnern sowie bei Hausfrauen bzw. Hausmännern. Wurde die Erwerbstätigkeit aufgegeben, werden die Beschäftigungszeiten bis zum Ausscheiden aus dem Erwerbsleben bei der Prüfung der Berufsmäßigkeit nicht berücksichtigt.

Keine Beiträge und Pauschsteuern, aber Umlagen

Anders als für die geringfügig entlohnt Beschäftigten sind vom Arbeitgeber für die kurzfristig Beschäftigten weder Sozialversicherungsbeiträge noch Pauschsteuern zu erheben und abzuführen. Ausnahmen bilden aber die Umlagen, die der Arbeitgeber grundsätzlich für seine Aufwendungen für die Entgeltfortzahlung bei Arbeitsunfähigkeit und für Mutterschaftsleistungen (U1- und U2-Verfahren) sowie für das Insolvenzgeld aus dem Arbeitsentgelt zu zahlen hat.

Der Umlagesatz für das U1-Verfahren fällt für die kurzfristig Beschäftigten nur an, wenn die Beschäftigung länger als vier Wochen dauert. Der Umlagesatz für das U2-Verfahren ist hingegen immer zu erheben. Ebenso ist vom Arbeitgeber die Umlage für das Insolvenzgeld (0,15 %) abzuführen.

Wie Sie geringfügig Beschäftigte melden

Die Meldungen für geringfügig Beschäftigte werden für alle Mini-Jobber von der Minijob-Zentrale entgegengenommen. Wie läuft das Meldeverfahren genau ab? Gibt es Besonderheiten, die zu beachten sind?

Was müssen Sie beachten?

Die geringfügig Beschäftigten sind in das normale Meldeverfahren, wie es auch für versicherungspflichtige Arbeitnehmer gilt, eingebunden. Auch für das Meldeverfahren zur Minijob-Zentrale gilt, dass die Meldungen nur durch gesicherte und verschlüsselte Datenübertragung – entweder aus systemgeprüften Entgeltabrechnungsprogrammen oder mittels maschineller Ausfüllhilfen (z.B. sv.net) zu erstatten sind.

Für geringfügig Beschäftigte (mit Ausnahme der Beschäftigten in Privathaushalten) gelten die gleichen Grundsätze im Meldeverfahren wie für versicherungspflichtige Arbeitnehmer. So sind – wie üblich – Anmeldungen, Abmeldungen, Veränderungsmeldungen usw. vom Arbeitgeber zu erstatten.

Besonderheiten gelten allerdings für kurzfristig Beschäftigte:

In den Abmeldungen für kurzfristig Beschäftigte ist das Entgelt nicht anzugeben. Das in den Meldungen hierfür vorgesehene Feld (beitragspflichtiges Bruttoarbeitsentgelt) füllt der Arbeitgeber mit „000000" aus. Allerdings ist im Datenbaustein für die Unfallversicherung (DBUV) das beitragspflichtige Arbeitsentgelt zur Unfallversicherung anzugeben.

Der Beitragsgruppenschlüssel

In den Meldungen für geringfügig Beschäftigte ist stets der sog. Beitragsgruppenschlüssel mit anzugeben. Mit ihm wird insbesondere die sozialversicherungsrechtliche Entscheidung (Versicherungspflicht bzw. -freiheit) dokumentiert. Für geringfügig entlohnte Beschäftigte gelten folgende besondere Beitragsgruppenschlüssel:

- Krankenversicherung:
  Beitragsgruppe 6 = Pauschaler Beitrag zur Krankenversicherung ist zu entrichten.
- Rentenversicherung:
  - Beitragsgruppe 1 = Voller Beitrag zur Rentenversicherung ist zu entrichten.
  - Beitragsgruppe 5 = Pauschaler Beitrag zur Rentenversicherung ist zu entrichten, wenn Arbeitnehmer rentenversicherungsfrei ist oder von der Rentenversicherungspflicht befreit wurde.
- Pflege- und Arbeitslosenversicherung:
  Beitragsgruppe 0 = Kein Beitrag.
- In den Meldungen für kurzfristig Beschäftigte sind die Beitragsgruppen mit „0" anzugeben.

Der Personengruppenschlüssel

Der Personengruppenschlüssel zeigt der Sozialversicherung die sozialversicherungsrechtlichen Besonderheiten eines Beschäftigten an. Bei den geringfügig Beschäftigten müssen Sie hierbei zwischen geringfügig entlohnten und kurzfristigen Beschäftigungen unterscheiden. Es gelten folgende Schlüssel:

- Schlüssel 109 = geringfügig entlohnte Beschäftigung
- Schlüssel 110 = kurzfristige Beschäftigung

Im Übrigen ist der Schlüssel 109 ist auch dann zu verwenden, wenn der geringfügig entlohnte Beschäftigte rentenversicherungspflichtig ist, weil er die Rentenversicherungspflicht nicht abgewählt hat.

Wer nimmt die Meldungen an?

Grundsätzlich müssen Sie die Meldungen zur Sozialversicherung gegenüber der Einzugsstelle abgeben. Dabei handelt es sich regelmäßig um die Krankenkasse, bei der der Arbeitnehmer versichert ist. Die Meldungen für geringfügig Beschäftigte müssen jedoch an die Minijob-Zentrale bei der Deutschen Rentenversicherung Knappschaft-Bahn-See abgegeben werden.

> Dabei spielt es keine Rolle, ob es sich um eine geringfügig entlohnte oder um eine kurzfristige Beschäftigung handelt.

Etwaige Überschneidungen von mehreren Beschäftigungen stellt die Minijob-Zentrale fest. Soweit eine Beschäftigung daraufhin versicherungspflichtig wird (z. B. weil die Geringfügigkeitsgrenze bei Mehrfachbeschäftigung überschritten wird), erhält der Arbeitgeber unmittelbar eine entsprechende Mitteilung. Der Arbeitgeber muss die Meldungen dann entsprechend korrigieren und an die zuständige Krankenkasse, nicht an die Minijob-Zentrale, erneut abgeben.

Meldeverfahren und Beitragseinzug im Privathaushalt

Hinsichtlich der Meldungen für geringfügig Beschäftigte im Privathaushalt gilt ein vereinfachtes Meldeverfahren, das sogenannte Haushaltsscheckverfahren. Hier sind nur reduzierte Angaben zum Beschäftigungsverhältnis nötig. Grundsätzlich muss der private Arbeitgeber bei jeder Entgeltzahlung einen Haushaltsscheck ausstellen. Wird das Arbeitsentgelt immer in gleicher Höhe gezahlt, kann er den Haushaltsscheck auch als Dauerscheck ausstellen.

Sowohl der Arbeitnehmer als auch der Arbeitgeber (Privathaushalt) müssen den Haushaltsscheck unterschreiben. Er wird wie die anderen Meldungen für geringfügig Beschäftigte auch zentral bei der Minijob-Zentrale eingereicht. Diese berechnet dann anhand des angegebenen Arbeitsentgelts die Beiträge, Pauschalsteuern und Umlagen zum Ausgleich der Arbeitgeberaufwendungen bei Krankheit und Schwangerschaft und zieht diese mittels Lastschriftverfahren vom Konto des Arbeitgebers (Privathaushalt) ein. Darüber hinaus übernimmt die Minijob-Zentrale auch die Anmeldung des geringfügig Beschäftigten zur gesetzlichen Unfallversicherung. Gleichzeitig berechnet sie auch die vom Privathaushalt zu zahlenden Beiträge zur Unfallversicherung, zieht diese zusammen mit den übrigen Beiträgen und Umlagen vom Privathaushalt ein und leitet sie an den zuständigen Unfallversicherungsträger weiter.

Die Haushaltsscheckformulare stellt Ihnen die Minijob-Zentrale zur Verfügung. Sie können das Formular auch im Internet unter www.haushaltsscheck.de ausfüllen und anschließend ausdrucken. Die Arbeitnehmer erhalten von den an die Minijob-Zentrale abgegebenen Haushaltsschecks immer eine Durchschrift.

Wenn der Mini-Job ein wenig größer wird

Wenn sein Arbeitsentgelt regelmäßig knapp über 450 EUR liegt, muss ein Arbeitnehmer dann die üblichen Sozialabgaben zahlen? Nein. Für Arbeitsentgelte von 450,01 EUR bis 850 EUR gilt die sogenannte Gleitzonenregelung.

Die Gleitzonenregelung

Beschäftigungen mit einem monatlichen Arbeitsentgelt in der sich an die Entgeltgrenze für Minijobber anschließenden Gleitzone von 450,01 EUR bis 850,00 EUR unterliegen zwar in allen Sozialversicherungszweigen der Versicherungspflicht, allerdings muss der Arbeitnehmer nur einen reduzierten Beitragsanteil zur Sozialversicherung zahlen. Der Arbeitgeberbeitrag berechnet sich dagegen vom tatsächlich erzielten Arbeitsentgelt. Innerhalb dieser Gleitzone wird also die sonst übliche hälftige Beitragslastverteilung zwischen Arbeitgeber und Arbeitnehmer aufgehoben. Das Verhältnis des Arbeitnehmer-Beitragsanteils steigt mit der Höhe des Arbeitsentgelts langsam zu dem vom Arbeitgeber zu tragenden Beitragsanteil an.

> Für den Arbeitgeber ergibt sich dadurch keine Mehrbelastung.

Ziel der Gleitzone ist insbesondere, die sog. Niedriglohnschwelle zu beseitigen, die für den Arbeitnehmer in Beschäftigungsverhältnissen bei Überschreiten der Geringfügigkeitsgrenze zu einem sofortigen Anstieg der Sozialversicherungsbeiträge von 3,9 % (Beitragsanteil bei Rentenversicherungspflicht im 450 Euro-Job) auf rund 20 % führen würde.

Welche Voraussetzungen gelten?

Voraussetzung für die Anwendung der Gleitzonenregelung ist, dass der Arbeitnehmer in der Beschäftigung versicherungspflichtig ist und ein Arbeitsentgelt von insgesamt regelmäßig 450,01 EUR bis 850,00 EUR erhält.

Die Gleitzonenregelung gilt ausdrücklich nicht, wenn der Arbeitnehmer die jeweilige Beschäftigung im Rahmen seiner Berufsausbildung ausübt. Die sonst übliche Beitragstragung – vor allem bei Auszubildenden – bleibt also von der Gleitzonenregelung insoweit unberührt.

Regelmäßigkeit des Entgelts

Bei der Frage, ob das Arbeitsentgelt innerhalb der Gleitzone liegt, kommt es auf die Regelmäßigkeit an. Soweit ein monatlich gleichbleibendes Arbeitsentgelt gezahlt wird, dürfte die Prüfung grundsätzlich keine Probleme bereiten. Beachten Sie jedoch, dass Sie Sonderzahlungen wie z.B. Urlaubs- oder Weihnachtsgeld bei der Ermittlung des regelmäßigen monatlichen Arbeitsentgelts einbeziehen müssen. Zu berücksichtigen sind hierbei Sonderzahlungen, auf die der Arbeitnehmer einen Rechtsanspruch hat (z.B. durch einen Tarifvertrag oder eine Betriebsvereinbarung) oder die mit hinreichender Sicherheit mindestens einmal jährlich gezahlt werden.

Beispiel:

Ein Arbeitnehmer erhält ein monatlich gleich bleibendes Arbeitsentgelt in Höhe von 600,00 EUR. Darüber hinaus bekommt er laut Arbeitsvertrag im Dezember ein Weihnachtsgeld von 300,00 EUR gezahlt.

Berechnung:

12 × 600,00 EUR	=	7.200,00 EUR
1 × 300,00 EUR	=	300,00 EUR
Gesamt	=	7.500,00 EUR

Das regelmäßige monatliche Arbeitsentgelt beträgt (7.500,00 EUR : 12 =) 625,00 EUR. Die Regelungen zur Gleitzone finden somit Anwendung.

Einmalzahlungen sind nur dann beitragspflichtig, wenn sie auch tatsächlich gezahlt werden. Hat ein Arbeitnehmer auf die ihm eigentlich zustehende Einmalzahlung verzichtet, ist sie – ungeachtet der arbeitsrechtlichen Zulässigkeit dieses Verzichts – bei der vorausschauenden Durchschnittsberechnung nicht zu berücksichtigen. Die Verzichtserklärung des Arbeitnehmers sollte der Arbeitgeber übrigens zu seinen Lohnunterlagen nehmen.

Steht die Höhe des regelmäßigen Arbeitsentgelts nicht fest, ist es ggf. im Wege einer Schätzung oder Durchschnittsberechnung zu ermitteln; Sonderzahlungen wie z. B. Urlaubs- oder Weihnachtsgeld sind auch hier entsprechend zu berücksichtigen.

Schwieriger wird es, wenn das Arbeitsentgelt von Monat zu Monat schwankt – z. B. wegen unterschiedlicher Auftragslage. In diesen Fällen müssen Sie das Arbeitsentgelt ggf. zukunftsbezogen schätzen. Hier kann auch ein Vergleich mit ähnlichen Arbeitsverhältnissen im Betrieb hilfreich sein.

Sollte sich im Nachhinein herausstellen, dass die ursprüngliche Schätzung nicht mit den tatsächlichen Gegebenheiten übereinstimmt, müssen Sie die Entscheidung über die Anwendbarkeit der Gleitzone natürlich korrigieren. Für die Vergangenheit bleibt es aber bei der ursprünglichen Feststellung – Korrekturen werden also immer nur für die Zukunft vorgenommen.

Steht die Höhe der schwankenden Arbeitsentgelte – zumindest annähernd – hingegen schon von vornherein fest (z.B. bei Saisonkräften), ist anstelle der Schätzung eine Durchschnittsberechnung vorzunehmen.

Beispiel:

Ein Arbeitnehmer erzielt in einem Dauerarbeitsverhältnis in den Monaten Mai bis September jeweils 900,00 EUR und in den Monaten Oktober bis April jeweils 600,00 EUR.

Berechnung:

5 × 900,00 EUR	=	4.500,00 EUR
7 × 600,00 EUR	=	4.200,00 EUR
Gesamt	=	8.700,00 EUR

Das regelmäßige monatliche Arbeitsentgelt beträgt (8.700,00 EUR : 12 =) 725,00 EUR. Die Regelungen zur Gleitzone finden somit Anwendung.

Übrigens: Steuerfreie Aufwandsentschädigungen gehören nicht zum Arbeitsentgelt in der Sozialversicherung. So sind z.B. die steuerfreien Einnahmen

- aus nebenberuflicher Tätigkeit als Übungsleiter, Ausbilder, Erzieher, Betreuer oder vergleichbaren nebenberuflichen Tätigkeiten,
- aus nebenberuflichen künstlerischen Tätigkeiten oder
- für die Pflege alter, kranker oder behinderter Menschen

bis zur Höhe von 2.400,00 EUR jährlich (200,00 EUR monatlich) bei der Ermittlung des regelmäßigen Arbeitsentgelts außer Acht zu lassen.

Die Gleitzonenregelung ist nicht anzuwenden, wenn z.B. bei Beginn oder Ende einer Beschäftigung im Laufe eines Kalendermonats oder bei Wegfall der Entgeltfortzahlung wegen Arbeitsunfähigkeit im Laufe eines Kalendermonats, Teilarbeitsentgelte gezahlt werden, die in der Spanne von 450,01 EUR bis 850,00 EUR liegen, das regelmäßige volle monatliche Arbeitsentgelt aber die Grenze von 850,00 EUR übersteigt.

Wenn ein Arbeitnehmer mehrere Beschäftigungen ausübt

Ein Beschäftigungsverhältnis in der Gleitzone liegt grundsätzlich vor, wenn das aus der Beschäftigung erzielte Arbeitsentgelt in dem Entgeltkorridor von 450,01 bis 850,00 EUR monatlich liegt und die Grenze von 850,00 EUR im Monat regelmäßig nicht überschreitet.

Übt ein Arbeitnehmer mehrere Beschäftigungen aus, gelten die besonderen Regelungen zur Gleitzone, wenn das insgesamt erzielte Arbeitsentgelt innerhalb der Gleitzone liegt. Hierbei werden allerdings nur Arbeitsentgelte aus versicherungspflichtigen Beschäftigungen berücksichtigt. Unberücksichtigt bleiben also z.B. Arbeitsentgelte aus geringfügig entlohnten Beschäftigungsverhältnissen (auch wenn diese rentenversicherungspflichtig sind) und aus Beamtenbeschäftigungen.

Beispiel:

Ein Arbeitnehmer ist bei Arbeitgeber A für ein monatliches Arbeitsentgelt von regelmäßig 350,00 EUR und bei Arbeitgeber B für ein monatliches Arbeitsentgelt von regelmäßig 250,00 EUR beschäftigt.

Beide Beschäftigungen sind zwar für sich betrachtet geringfügig entlohnt. Jedoch besteht aufgrund der Zusammenrechnung der Arbeitsentgelte in beiden Beschäftigungsverhältnissen Versicherungspflicht. Die Summe der Arbeitsentgelte in Höhe von 600,00 EUR liegt innerhalb der Gleitzone – die besonderen Regelungen der Gleitzone sind somit in beiden Beschäftigungen anzuwenden.

Beachten Sie bei der Zusammenrechnung der Arbeitsentgelte aus mehreren Beschäftigungen, dass eine „erste" geringfügig entlohnte Nebenbeschäftigung kranken-, pflege- und arbeitslosenversicherungsfrei ist, soweit sie neben einer bereits versicherungspflichtigen Hauptbeschäftigung ausgeübt wird. Aufgrund des fortbestehenden Charakters der „ersten" Nebenbeschäftigung als geringfügige Beschäftigung ist diese nicht bei der Zusammenrechnung zu berücksichtigen.

Beispiel:

Ein Arbeitnehmer ist bei Arbeitgeber A für ein monatliches Arbeitsentgelt von regelmäßig 650,00 EUR und bei Arbeitgeber B für ein monatliches Arbeitsentgelt von regelmäßig 300,00 EUR beschäftigt.

Die Beschäftigung bei Arbeitgeber A unterliegt der Sozialversicherungspflicht. Die Beschäftigung bei Arbeitgeber B gilt als „erste" geringfügig entlohnte Nebentätigkeit und bleibt somit in der Kranken-, Pflege- und Arbeitslosenversicherung versicherungsfrei. Eine Zusammenrechnung der Arbeitsentgelte findet nicht statt, und zwar unabhängig davon, dass die geringfügig entlohnte Beschäftigung rentenversicherungspflichtig ist. Für die Beitragsberechnung bei Arbeitgeber A sind somit die Gleitzonenregelungen anzuwenden.

Da in den einzelnen Zweigen der Sozialversicherung zum Teil unterschiedliche Regeln der Zusammenrechnung bestehen, kann es vorkommen, dass die Gleitzonenregelungen in einem Sozialversicherungszweig anzuwenden sind, in einem anderen aber nicht.

Bei Mehrfachbeschäftigten, teilen die Krankenkassen den Arbeitgebern das Gesamtarbeitsentgelt mit, wenn die Gleitzoneregelung anzuwenden ist. Mehr hierzu im Abschnitt „Wie sieht das Verfahren bei Mehrfachbeschäftigten aus?".

Wie werden die Beiträge berechnet?

Für die Beitragsberechnung und -tragung bei Beschäftigungen mit einem regelmäßigen monatlichen (Gesamt-)Arbeitsentgelt innerhalb der Gleitzone gelten in der Kranken-, Pflege-, Renten- und Arbeitslosenversicherung besondere Regelungen. Im Ergebnis haben die Arbeitgeber weiterhin ihren „vollen" Beitragsanteil zu den einzelnen Versicherungszweigen zu zahlen. Die Arbeitnehmer zahlen jedoch nur einen reduzierten Beitragsanteil, der bis zum Ende der Gleitzone bei 850,00 EUR auf den vollen Beitragsanteil (ca. 20 % des tatsächlichen Arbeitsentgelts) progressiv ansteigt.

Der geringere Arbeitnehmeranteil ergibt sich durch die der Beitragsberechnung zugrunde zu legende reduzierte beitragspflichtige Einnahme (Beitragsbemessungsgrundlage) und die besondere Regelung über die Beitragstragung.

Wie Sie das beitragspflichtige Entgelt ermitteln

Wie gesagt: Sinn und Zweck der Gleitzone ist es, den Arbeitnehmer-Beitragsanteil langsam ansteigen zu lassen. Zu diesem Zweck wird zunächst eine fiktive Beitragsbemessungsgrundlage ermittelt. Hierfür dient folgende Formel:

$$F \times 450 + \left(\left\{ \frac{850}{850 - 450} \right\} - \left\{ \frac{450}{850 - 450} \right\} \times F \right) \times (AE - 450).$$

AE ist das laufende monatliche Arbeitsentgelt

F ist der Faktor F

Der Faktor F ist fix und wird jedes Jahr neu angepasst; im Kalenderjahr 2013 beträgt er 0,7605. Damit kann die Formel für 2013 wie folgt vereinfacht werden:

Beitragsbemessungsgrundlage = 1,2694375 ×
AE - 229,021875

Einen Gleitzonen-Beitragsrechner zur Ermittlung der fiktiven Beitragsbemessungsgrundlage und der anfallenden Beiträge finden Sie auf der „Arbeitshilfen online"-Seite zu diesem TaschenGuide, in der Rubrik „Recht & Geld" (www.haufe.de/arbeitshilfen; Buchcode TGA-HL12). Weitere Informationen bietet Ihnen Lexware lohn + gehalt wissen (erhältlich unter shop.haufe.de, Bestell-Nr. A00430VJ01).

Beispiel:

Ein Arbeitnehmer erhält ein monatliches Arbeitsentgelt in Höhe von 700,00 EUR. Die Beitragsbemessungsgrundlage zur Berechnung des Arbeitnehmerbeitragsanteils berechnet sich (vereinfacht) wie folgt:

Ab 1.1.2013: 1,2694375 x 700,00 – 229,021875 = 659,58 EUR

Die Formel für die Reduzierung der beitragspflichtigen Einnahme ist übrigens immer anzuwenden, unabhängig davon, ob der Arbeitnehmer in allen Zweigen der Sozialversicherung versicherungspflichtig ist oder nicht. Besteht in einem Sozialversicherungszweig aufgrund dort bestehender Sonderregelungen Versicherungsfreiheit (z.B. bei über 55-Jährigen in der Krankenversicherung), sind insoweit keine Beiträge zu entrichten. In den übrigen Sozialversicherungszweigen finden die Gleitzonenregelungen gleichwohl Anwendung.

Von der auf diese Weise ermittelten Beitragsbemessungsgrundlage ermitteln Sie zunächst die vollen Beiträge je Versicherungszweig. Hierzu multiplizieren Sie die Bemessungsgrundlage mit dem halben Beitragssatz des jeweiligen Sozialversicherungszweigs und verdoppeln dann dieses Produkt.

Im nächsten Schritt ermitteln Sie den Arbeitgeber-Beitragsanteil. Dieser berechnet sich jedoch nicht aus dem fiktiven, sondern aus dem tatsächlichen Arbeitsentgelt.

Der Beitragszuschlag für Kinderlose in der Pflegeversicherung in Höhe von 0,25 % ist bei der Anwendung der Gleitzonenregelung besonders zu berücksichtigen. Er wird auf der Grundlage des verminderten Gleitzonenentgelts berechnet. In der

Krankenversicherung wird für die Berechnung des Gesamtbeitrags der allgemeine Beitragssatz (15,5 %) zugrunde gelegt.

Beispiel:

Ein kinderloser Arbeitnehmer nimmt am 1.8.2013 eine Beschäftigung auf und erzielt ein regelmäßiges monatliches Arbeitsentgelt in Höhe von 600,00 EUR. Ergebnis: Die Beitragsbemessungsgrundlage für den Arbeitnehmer errechnet sich wie folgt (nach vereinfachter Formel):

1,2694375 x 600,00 – 229,021875 = 532,64 EUR

Beiträge zur Krankenversicherung		
	KV-beitrag (532,64 EUR × 7,75 % × 2)	82,56 EUR
./.	Beitragsanteil des Arbeitgebers (600,00 EUR × 7,3 %)	– 43,80 EUR
	Beitragsanteil des Arbeitnehmers	38,76 EUR
Beiträge zur Pflegeversicherung		
	PV-beitrag (532,64 EUR × 1,025 % × 2)	10,92 EUR
+	Beitragszuschlag zur PV (532,64 EUR × 0,25 %)	+ 1,33 EUR
	Gesamtbeitrag zur PV	12,25 EUR
./.	Beitragsanteil des Arbeitgebers (600,00 EUR × 1,025 %)	– 6,15 EUR
	Beitragsanteil des Arbeitnehmers	6,10 EUR
Beiträge zur Rentenversicherung		
	RV-beitrag (532,64 EUR × 9,45 % × 2)	100,66 EUR
./.	Beitragsanteil des Arbeitgebers (600,00 EUR × 9,45 %)	– 56,70 EUR
	Beitragsanteil des Arbeitnehmers	43,96 EUR

Beiträge zur Arbeitslosenversicherung		
	AV-beitrag (532,64 EUR × 1,5 % × 2)	15,98 EUR
./.	Beitragsanteil des Arbeitgebers (600,00 EUR × 1,5 %)	- 9,00 EUR
	Beitragsanteil des Arbeitnehmers	6,98 EUR

Insgesamt beträgt der Beitragsanteil des Arbeitgebers 115,65 EUR und der Beitragsanteil des Arbeitnehmers 95,80 EUR. Ohne Gleitzonenregelung hätte der Arbeitnehmer 122,55 EUR an Beiträgen aufbringen müssen. Somit beträgt seine monatliche Ersparnis durch die Gleitzonenregelung immerhin 26,75 EUR.

Die Gleitzonenregelung gilt nicht für 450 Euro-Jobs. Dies trifft auch dann zu, wenn der Arbeitnehmer in einzelnen Monaten ein höheres Arbeitsentgelt als 450,00 EUR – z.B. bei schwankendem Arbeitsentgelt – erzielt.

Übrigens: Wird in einem Abrechnungsmonat eine Sonderzahlung geleistet (z.B. Urlaubs- oder Weihnachtsgeld), wird diese in voller Höhe dem laufenden Arbeitsentgelt zugerechnet. Soweit die Summe aus laufendem und einmaligem Arbeitsentgelt noch innerhalb der Gleitzone liegt, wird das Gesamtarbeitsentgelt in die Gleitzonenformel eingestellt.

Bei schwankenden Arbeitsentgelten kann es vorkommen, dass zwar das ermittelte regelmäßige Arbeitsentgelt innerhalb der Gleitzone liegt, jedoch in einzelnen Monaten das erzielte Arbeitsentgelt die Grenzen der Gleitzone über- oder unterschreitet. In diesem Fall gilt:

- Übersteigt das Arbeitsentgelt die obere Grenze von 850,00 EUR, gelten keine Besonderheiten. Die Beiträge sind – wie üblich – je zur Hälfte von Arbeitgeber und Arbeitnehmer zu tragen.

- Wird ein Arbeitsentgelt von unter 450,01 EUR erzielt, ist ein fiktives Arbeitsentgelt nach folgender Rechnung zu ermitteln (2013 beträgt F 0,7605):
  Tatsächliches Arbeitsentgelt × F = beitragspflichtige Einnahme.
  Auf der Basis des so ermittelten Betrags ist – wie oben beschrieben – die Summe der Arbeitgeber- und Arbeitnehmer-Beitragsanteile je Versicherungszweig zu ermitteln.

Beispiel:

Ein Arbeitnehmer hat ein regelmäßiges monatliches Arbeitsentgelt in Höhe von 500,00 EUR. Aufgrund von Arbeitsschwankungen erzielt er im Monat September 2013 lediglich ein Arbeitsentgelt in Höhe von 350,00 EUR. Das beitragspflichtige Arbeitsentgelt wird für den Monat September wie folgt ermittelt:
350,00 EUR × 0,7605 = 266,18 EUR

Auch in diesem Fall wird der Arbeitgeber-Beitragsanteil vom tatsächlichen Arbeitsentgelt (hier: 350,00 EUR) berechnet. Der Arbeitnehmer-Beitragsanteil wird aus dem fiktiven Arbeitsentgelt in Höhe von 266,18 EUR berechnet.

Wenn das Entgelt nur für einen Teilmonat erzielt wird

Wird Arbeitsentgelt nur für einen Teilmonat erzielt, ist – ausgehend von der monatlichen beitragspflichtigen Einnahme – das anteilige beitragspflichtige Arbeitsentgelt zu errechnen. Zu diesem Zweck rechnen Sie das Teilarbeitsentgelt zunächst auf einen Monat hoch. Erst dann können Sie das fiktive Arbeitsentgelt anhand der o.g. Berechnungsformel ermitteln. Dieses fiktive Monatsentgelt rechnen Sie dann wieder auf die tatsächliche Anzahl der Arbeitstage herunter.

Beispiel:

Ein Arbeitnehmer nimmt am 17.7.2013 eine Beschäftigung auf. Das vereinbarte monatliche Arbeitsentgelt beträgt 600,00 EUR. Für den Teilmonat Juli 2013 (11 Beschäftigungstage) wird ein Arbeitsentgelt von 200,00 EUR gezahlt.

In die Formel wird zunächst das „volle" Monatsentgelt in Höhe von 600,00 EUR eingestellt. Daraus ergibt sich ein fiktives Arbeitsentgelt von 532,64 EUR.

Dieses fiktive Monatsentgelt wird nun wieder auf elf Beschäftigungstage heruntergerechnet. Es ergibt sich eine Beitragsbemessungsgrundlage von (532,64 EUR : 30 × 11 =) 195,30 EUR.

Was geschieht bei mehreren Beschäftigungen?

Die Gleitzonenregelung findet immer dann Anwendung, wenn das Arbeitsentgelt von 450,01 EUR bis 850,00 EUR liegt. Mehrere Beschäftigungen werden dabei zusammengerechnet. Keine Berücksichtigung finden allerdings Arbeitsentgelte aus versicherungsfreien, z. B. geringfügig entlohnten, Beschäftigungen.

Übt der Arbeitnehmer mehrere Beschäftigungen aus, kann die Gleitzonenregelung auch dann Anwendung finden, wenn die einzelnen Arbeitsentgelte zwar unter der Grenze von 450,01 EUR, jedoch insgesamt innerhalb der Gleitzone liegen. Die beitragspflichtigen Arbeitsentgelte aus den einzelnen Beschäftigungen sind wie folgt zu ermitteln:

$$[F \times 450 + ([850/(850-450)] - [450/(850-450)] \times F) \times (GAE - 450)] \times EAE : GAE$$

Dabei ist F der Faktor F des Kalenderjahres, GAE das Gesamt-Arbeitsentgelt und EAE das Einzel-Arbeitsentgelt der jeweiligen Beschäftigung.

Für 2013 kann folgende vereinfachte Formel verwendet werden:

$$(1,2694375 \times GAE - 229{,}021875) \times EAE : GAE$$

Beispiel:

Ein kinderloser Arbeitnehmer übt folgende Beschäftigungen aus:

- bei Arbeitgeber A für ein monatliches Arbeitsentgelt von 350,00 EUR,
- bei Arbeitgeber B für ein monatliches Arbeitsentgelt von 370,00 EUR.

Die Beschäftigungen sind beide aufgrund der Zusammenrechnung nicht geringfügig entlohnt. Da die Summe der Arbeitsentgelte (720 EUR) innerhalb der Gleitzone liegt, ist die besondere Beitragsberechnung anzuwenden.

Für Arbeitgeber A ergibt sich das Fiktiv-Arbeitsentgelt nach folgender Berechnung (vereinfachte Formel):

$$(1,2694375 \times 720{,}00 - 229{,}021875) \times 350{,}00 : 720{,}00$$

Das beitragspflichtige Arbeitsentgelt beträgt 332,97 EUR. Berechnung der Krankenversicherungsbeiträge aus Beschäftigung A:

Beiträge zur Krankenversicherung		
	KV-beitrag (332,97 EUR × 7,75 % × 2)	51,62 EUR
./.	Beitragsanteil des Arbeitgebers (350,00 EUR × 7,3 %)	– 25,55 EUR
	Beitragsanteil des Arbeitnehmers	26,07 EUR

Beiträge zur Pflegeversicherung		
	PV-beitrag (332,97 EUR × 1,025 % × 2)	6,82 EUR
+	Beitragszuschlag zur PV (332,97 EUR × 0,25 %)	+ 0,83 EUR
	Gesamtbeitrag zur PV	7,65 EUR
./.	Beitragsanteil des Arbeitgebers (350,00 EUR × 1,025 %)	– 3,59 EUR
	Beitragsanteil des Arbeitnehmers	4,06 EUR

Beiträge zur Rentenversicherung		
	RV-beitrag (332,97 EUR × 9,45 % × 2)	62,94 EUR
./.	Beitragsanteil des Arbeitgebers (350,00 EUR × 9,45 %)	– 33,08 EUR
	Beitragsanteil des Arbeitnehmers	29,86 EUR

Beiträge zur Arbeitslosenversicherung		
	AV-beitrag (332,97 EUR × 1,5 % × 2)	9,98 EUR
./.	Beitragsanteil des Arbeitgebers (350,00 EUR × 1,5 %)	– 5,25 EUR
	Beitragsanteil des Arbeitnehmers	4,73 EUR

Für Arbeitgeber B ergibt sich das Fiktiv-Arbeitsentgelt nach folgender Berechnung:

(1,2694375 × 720,00 – 229,021875) × 370,00 : 720,00

Das beitragspflichtige Arbeitsentgelt beträgt 352,00 EUR.

Die Berechnung der Sozialversicherungsbeiträge ist unter Berücksichtigung des tatsächlichen Arbeitsentgelts in Höhe von 370,00 EUR und des fiktiven Arbeitsentgelts in Höhe von 352,00 EUR in der gleichen Weise vorzunehmen wie bei Arbeitgeber A.

Wie sieht das Verfahren bei Mehrfachbeschäftigten aus?

Übt ein Arbeitnehmer mehrere Beschäftigungen aus, müssen die Arbeitgeber erst einmal das regelmäßige Arbeitsentgelt – unter Berücksichtigung der Arbeitsentgelte aus allen Beschäftigungen des Arbeitnehmers – ermitteln. Je nach Höhe des berechneten regelmäßigen Arbeitsentgelts übermitteln die Arbeitgeber an die Krankenkasse dann eine GKV-Monatsmeldung mit folgender Kennzeichnung:

- Kennzeichen Gleitzone „1", wenn die Gleitzone anzuwenden ist. Zusätzlich zum laufenden und einmalig gezahlten Arbeitsentgelt ist das voraussichtliche regelmäßige Jahresentgelt der Beschäftigung anzugeben.
- Kennzeichen Gleitzone „0", wenn die Gleitzone nicht anzuwenden ist. Die zusätzliche Angabe des regelmäßigen Jahresentgeltes entfällt.

Im Gegenzug teilt die Krankenkasse den beteiligten Arbeitgebern die Summe der Arbeitsentgelte aus den einzelnen Beschäftigungen als „Gesamtarbeitsentgelt" mit. Diese Angabe versetzt die Arbeitgeber in die Lage, das beitragspflichtige (Gleitzonen-)Arbeitsentgelt in der jeweiligen Beschäftigung festzustellen und die entsprechenden Sozialversicherungsbeiträge und Umlagen zu berechnen und abzuführen.

Was gilt für Beschäftigungen, die bereits vor dem 1.1.2013 bestanden haben?

Damit sich die gesetzliche Anhebung der Gleitzonengrenzen für Arbeitnehmer in laufenden Beschäftigungen nicht nachteilig auswirkt, wurden für Beschäftigungsverhältnisse, die bereits vor dem 1.1.2013 bestanden haben, eine Reihe von Bestandsschutz- und Übergangsregelungen geschaffen. Hiervon erfasst werden Arbeitnehmer, deren regelmäßiges Arbeitsentgelt

- 400,01 EUR bis 450,00 EUR oder
- 800,01 EUR bis 850,00 EUR

beträgt.

Sollte sich im Laufe der weiteren Beschäftigung das regelmäßige Arbeitsentgelt ändern und nicht mehr 400,01 EUR bis 450,00 EUR oder 800,01 EUR bis 850,00 EUR betragen, enden die jeweiligen Bestandschutzregelungen. Es sind dann die versicherungs- und beitragsrechtlichen Vorschriften anzuwenden, die für neu aufgenommene Beschäftigungen gelten.

Für Arbeitnehmer mit einem regelmäßigen Arbeitsentgelt von 450,01 EUR bis 800,00 EUR ergeben sich durch die Anhebung der Verdienstgrenzen keine Auswirkungen in der Sozialversicherung. Übergangsregelungen sind daher keine zu berücksichtigen. Bei diesen Beschäftigungen ist die neue Gleitzonenformel anzuwenden (siehe am Beginn dieses Abschnitts: „Wie Sie das beitragspflichtige Entgelt ermitteln").

Arbeitsentgelt 400,01 EUR bis 450,00 EUR

Arbeitnehmer mit einem monatlichen Arbeitsentgelt in Höhe von 400,01 EUR bis 450,00 EUR waren bis zum 31.12.2012 mehr als geringfügig entlohnt beschäftigt und daher in allen Zweigen der Sozialversicherung grundsätzlich versicherungspflichtig.

Aufgrund der Anhebung der Entgeltgrenze für geringfügig entlohnte Beschäftigungen von 400,00 EUR auf 450,00 EUR würden diese Arbeitnehmer ab dem 1.1.2013 dem Grunde nach in der Kranken-, Pflege- und Arbeitslosenversicherung als 450 EUR-Minijobber versicherungsfrei sein. Die Bestandsschutzregelungen stellen sicher, dass die Versicherungspflicht in der Kranken-, Pflege- und Arbeitslosenversicherung längstens bis zum 31.12.2014 erhalten bleibt. In der Kranken- und Pflegeversicherung jedoch nur dann, wenn ansonsten keine Familienversicherung besteht. In der Rentenversicherung besteht die Versicherungspflicht ebenfalls fort. Erst ab dem 1.1.2015 kann die Rentenversicherungspflicht abgewählt werden.

Weitere Hinweise zu den Übergangsregelungen finden Sie im Abschnitt „Gibt es ab 2013 Besonderheiten bei Übergangsfällen?".

Bei Fortbestehen der Versicherungspflicht – ggf. auch nur in einzelnen Versicherungszweigen – sind die bis zum 31.12.2012 maßgebenden beitragsrechtlichen Regelungen zur Gleitzone längstens bis zum 31.12.2014 weiterhin anzuwenden, wenn das regelmäßige Arbeitsentgelt monatlich nicht mehr als 450,00 EUR beträgt. Die fiktive Beitragsbemessungsgrundlage ist hierbei nach folgender Formel zu berechnen:

$$F \times 400 + (2 - F) \times (AE - 400)$$

Es ist der Faktor F des Kalenderjahres der Beschäftigung anzusetzen. Für Beschäftigungen in 2013 – der Faktor F beträgt 0,7605 – kann die Formel zur Ermittlung des beitragspflichtigen Arbeitsentgelts wie folgt vereinfacht werden

$$1{,}2395 \times AE - 191{,}60$$

Bei Mehrfachbeschäftigten, deren regelmäßige Arbeitsentgelte insgesamt nicht mehr als 450,00 EUR im Monat betragen, ermittelt sich das fiktive Arbeitsentgelt wie folgt:

$$[F \times 400 + (2 - F) \times (GAE - 400)] \times EAE : GAE$$

Arbeitsentgelt 800,01 EUR bis 850,00 EUR

Die Sozialversicherungsbeiträge für Arbeitnehmer mit einem monatlichen Arbeitsentgelt in Höhe von 800,01 EUR bis 850,00 EUR wurden bis zum 31.12.2012 nicht im Rahmen der Gleitzonenregelungen berechnet, da das Arbeitsentgelt über der damaligen Entgeltgrenze von 800,00 EUR lag. Die Beiträge wurden daher bis zum 31.12.2012 aus dem tatsächlich erzielten Arbeitsentgelt berechnet.

Aufgrund der Anhebung der Entgeltgrenze in der Gleitzone auf 850,00 EUR wären seit 1.1.2013 dem Grunde nach die beitragsrechtlichen Regelungen zur Gleitzone anzuwenden. Im Rahmen des Bestandsschutzes sind die Sozialversicherungsbeiträge jedoch auch über den 31.12.2012 hinaus weiterhin aus dem tatsächlichen Arbeitsentgelt zu berechnen. Die Arbeitnehmer können die Anwendung der Gleitzonenregelung schriftlich gegenüber dem Arbeitgeber wählen. In diesen Fällen ist die neue Gleitzonenformel anzuwenden (siehe am Beginn dieses Abschnitts: „Wie Sie das beitragspflichtige Entgelt ermitteln").

Die Gleitzonenregelung können Arbeitnehmer mit Wirkung für die Zukunft nur für alle Beschäftigungen einheitlich und längstens bis zum 31.12.2014 beantragen. Bei fortbestehender Beschäftigung mit einem Arbeitsentgelt von 800,01 EUR bis 850,00 EUR gilt die Gleitzonenregelung über den 31.12.2014 hinaus. Die Erklärung des Arbeitnehmers ist vom Arbeitgeber zu den Entgeltunterlagen zu nehmen.

Besonderheit in der Rentenversicherung

Arbeitnehmer, bei denen die Gleitzone Anwendung findet, können beantragen, dass die Beiträge zur Rentenversicherung aus dem vollen Arbeitsentgelt errechnet werden. In diesem Fall ist für die Beiträge zur Rentenversicherung das tatsächliche Arbeitsentgelt zu berücksichtigen – die Berechnung des fiktiven Arbeitsentgelts entfällt insoweit. Durch den Verzicht auf die Anwendung der besonderen Regelungen zur Gleitzone vermeiden Arbeitnehmer die für sie damit verbundenen Nachteile (insbesondere die spätere geringere Rentenzahlung).

Der Arbeitnehmer erklärt diesen Verzicht gegenüber seinem Arbeitgeber. Er kann ihn nur für zukünftige Beitragsberechnungen und – soweit mehrere Beschäftigungsverhältnisse bestehen – einheitlich für alle Arbeitsverhältnisse abgeben. Der Verzicht wirkt vom Beginn der Beschäftigung an, wenn der Arbeitnehmer ihn innerhalb von zwei Wochen nach Aufnahme der Beschäftigung erklärt, ansonsten vom Tag nach Eingang der Erklärung beim Arbeitgeber an. Der Arbeitnehmer kann allerdings auch einen späteren Zeitpunkt bestimmen. Die Erklärung bleibt für die Dauer der Beschäftigungen bindend. Der Arbeitgeber hat die Erklärung zu seinen Entgeltunterlagen zu nehmen.

Wie erfolgen die Meldungen?

Mit Ausnahme der Meldungen für Mehrfachbeschäftigte (siehe Kapitel „Wie sieht das Verfahren bei Mehrfachbeschäftigten aus?") muss der Arbeitgeber wegen der Anwendung der besonderen Regelungen der Gleitzone keine besondere Meldung an die Krankenkasse abgeben. Erhöhungen oder Minderungen des Arbeitsentgelts mit der Folge des Ein- oder Austritts in die Gleitzone sind also nicht zu melden. Ist in einer Meldung auch das beitragspflichtige Arbeitsentgelt anzugeben (z.B. Jahresmeldung, Abmeldung, Unterbrechungsmeldung), muss der Arbeitgeber die Meldung allerdings mit dem besonderen Merkmal „Gleitzone" versehen.

Das Kennzeichen besteht in drei Ausprägungen:

- 0 = keine Gleitzone bzw. Verzicht auf die Anwendung der Gleitzonenregelung in der gesetzlichen Rentenversicherung.
- 1 = Gleitzone; die tatsächlichen Arbeitsentgelte in allen Entgeltabrechnungszeiträumen betragen von 450,01 EUR bis 850,00 EUR.
- 2 = Gleitzone; die Meldung umfasst sowohl Entgeltabrechnungszeiträume mit tatsächlichen Arbeitsentgelten von 450,01 EUR bis 850,00 EUR als auch solche mit tatsächlichen Arbeitsentgelten unter 450,01 EUR oder über 850,00 EUR.

Der elektronische Meldedatensatz sieht ein entsprechendes Feld für diese Angaben vor.

Grundsätzlich muss der Arbeitgeber in den Meldungen zur Sozialversicherung das beitragspflichtige Arbeitsentgelt zur Rentenversicherung eintragen. Finden die Regelungen der Gleitzone für Arbeitnehmer Anwendung, muss er in den Meldungen also das fiktive Arbeitsentgelt berücksichtigen.

> Verzichtet der Arbeitnehmer auf die Reduzierung des Arbeitnehmer-Beitragsanteils, ist in den Meldungen das tatsächlich erzielte Arbeitsentgelt einzutragen.

U1- und U2-Umlagen und Insolvenzgeldumlage

Die Umlagen zum Ausgleichsverfahren für die Aufwendungen der Arbeitgeber bei Krankheit und Mutterschaft und die Insolvenzgeldumlage sind nach dem Aufwendungsausgleichsgesetz in Vomhundertsätzen desjenigen Arbeitsentgelts festzusetzen, nach dem auch die Beiträge zur gesetzlichen Rentenversicherung bemessen werden oder bei Versicherungspflicht zu bemessen wären (Beitragsbemessungsgrundlage). Da in den Gleitzonenfällen die reduzierten Arbeitsentgelte (beitragspflichtige Einnahmen) als Beitragsbemessungsgrundlage gelten, wird die Umlage ebenfalls von der reduzierten Beitragsbemessungsgrundlage berechnet. Hat ein Arbeitnehmer auf die Reduzierung des beitragspflichtigen Arbeitsentgelts in der Rentenversicherung verzichtet, sind insoweit auch die Umlagen nach dem tatsächlich erzielten Arbeitsentgelt zu berechnen.

Stichwortverzeichnis

Impressum

Bibliografische Information der Deutschen Bibliothek
Die Deutsche Bibliothek verzeichnet diese Publikation in der Deutschen Nationalbibliografie; detaillierte bibliografische Daten sind im Internet über
http://www.dnb.de abrufbar.

Print: ISBN 978-3-648-03757-7 Bestell-Nr.: 00754-0004
ePub: ISBN 978-3-648-03756-0 Bestell-Nr.: 00754-0101
ePDF: ISBN 978-3-648-03758-4 Bestell-Nr. 00754-0151

Harald Janas, Uwe Thiemann
450 Euro Mini-Jobs
4., aktualisierte Auflage 2013

Redaktionsanschrift: Fraunhoferstraße 5, 82152 Planegg
Telefon: (0 89) 8 95 17-0
Fax (0 89) 8 95 17-2 90
Internet: www.haufe.de
E-Mail: online@haufe.de
Redaktion: Jürgen Fischer
Redaktionsassistenz: Christine Rüber

Umschlaggestaltung: Simone Kienle, 70182 Stuttgart
Umschlagentwurf: Agentur Buttgereit & Heidenreich, 45721 Haltern am See
Satz: Beltz Bad Langensalza GmbH, 99947 Bad Langensalza
Druck: freiburger graphische betriebe, 79108 Freiburg